知行

STEP INTO PRACTICE

经济汉语系列教材

JINGJI HANYU XILIE JIAOCAI

总 主 编：翟宜疆

副总主编：段 沫

本册主编：安 娜

本册编著：安 娜

段 沫

翟宜疆

商务汉语综合教程

宏观篇

SHANGWU HANYU ZONGHE JIAOCHENG

HONGGUANPIAN

北京语言大学出版社

BEIJING LANGUAGE AND CULTURE UNIVERSITY PRESS

图书在版编目（CIP）数据

商务汉语综合教程．宏观篇 / 翟宜疆总主编 ；安娜分册主编．-- 北京 ：北京语言大学出版社，2023.9（2025.9 重印）
知行·经济汉语系列教材
ISBN 978-7-5619-6340-1

Ⅰ.①商… Ⅱ.①翟… ②安… Ⅲ.①商务－汉语－对外汉语教学－教材 Ⅳ.① H195.4

中国国家版本馆 CIP 数据核字（2023）第 166229 号

商务汉语综合教程·宏观篇
SHANGWU HANYU ZONGHE JIAOCHENG · HONGGUANPIAN

排版制作：北京创艺涵文化发展有限公司
责任印制：邝 天

出版发行：北京语言大学出版社
社 址：北京市海淀区学院路 15 号，100083
网 址：www.blcup.com
电子信箱：service@blcup.com
电 话：编 辑 部 8610-82303647/3592/3395
国内发行 8610-82303650/3591/3648
海外发行 8610-82303365/3080/3668
北语书店 8610-82303653
网购咨询 8610-82303908
印 刷：河北赛文印刷有限公司

版 次：2023 年 9 月第 1 版 印 次：2025 年 9 月第 3 次印刷
开 本：889 毫米 × 1194 毫米 1/16 印 张：17.25
字 数：237 千字 定 价：88.00 元

PRINTED IN CHINA
凡有印装质量问题，本社负责调换。QQ 号 1367565611，电话 010-82303590

总前言

为满足国际社会对专业型汉语人才日益迫切的需求，顺应留学生学历教育深化发展的趋势，上海交通大学于2008年在汉语言专业中增设商务汉语和金融汉语两个专业方向，并明确了“知识、能力、素质三位一体”的培养目标。在随后的研究和教学中我们意识到，编写一套“知行合一”的汉语教材，不仅是一校、一专业所需，更是国际中文教育事业在实践和发展中的呼唤。在前期课程讲义和研究的基础上，教材的编写正式启动，经多轮试用、修改，于今付梓成书，定名“知行·经济汉语系列教材”。

本系列教材共7册，涉及商务和金融领域常见话题，包含体现各专题基本概念的词汇和句式。在语言技能训练和知识讲解上，7册各有侧重又紧密关联。具体包括：《商务汉语综合教程》（宏观篇、微观篇）、《金融汉语综合教程》（上、下）、《商务汉语听说教程》、《商务汉语写作教程》、《中国商务文化教程》。

一、适用对象

本系列教材适用于高等学校汉语言专业商务及金融方向的相关课程，以及经济类专业留学生的汉语必修课，也可供部分有汉语基础（达到HSK 5级水平）的外籍商务及金融行业从业人员和高年级汉语进修生选用。

二、教材定位

本系列教材是学历留学生从基础汉语学习转向商务及金融类专业学习的桥梁，同时也是高级汉语进修生和外籍从业人员结合自身实际工作需求进一步提高汉语综合运用能力的良好媒介。

教材力求将“知识、能力、素质三位一体”的顶层设计目标具体化并落到实处，可作为专业课程体系中的“商务汉语综合”“金融汉语综合”“商务汉语听说”“商务汉语写作”“中国商务文化”等课程的配套教材。大纲项目、教材内容、体例设计力求体现多项知识能力和素质指标的培养要求，知识方面强调商务汉语知识、经贸专业知识，能力方面重点突出商务汉语听说读写分项能力、运用汉语处理商务业务的综合能力以及跨文化交际能力。此外还兼及团队协作精神、国际化视野等素质的培养。

三、教材目标

本系列教材的根本目标是培养学习者使用汉语进行商务交际的语言能力。主要帮助学习者整合汉语听、说、读、写各项语言技能，继续提高综合运用汉语的能力，同时逐步学习和掌握一些最基本的商务及金融专业相关知识，如一些基础概念和术语、基本原理等。希望通过本系列教材的学习，学历留学生能较为平稳地从以汉语技能训练为主的学科基础课程，进入以商务及金融专业理论和专业知识掌握为主的学科核心课程学习；外籍商务及金融行业从业人员和高年级汉语进修生能提高在职场的汉语综合运用能力。

四、编写特色

1. 教学大纲兼顾知识、能力、素质的综合培养，编制组合式教学大纲。

各教材在编写前期将专业内容和国情背景相结合，筛选出系列话题，据此研制了包含语言知识、语言能力、专业知识、文化背景等多个维度的综合教学大纲。各大纲线索独立有序，纵向递进；又以每课为节点，横向关联。为整套教材搭建起立体“骨架”，也为每册每课的内容选取、练习编排提供了科学、合理、有序的依据。

2. 教学内容突出商务及金融专业性特点，选择真实语料予以适度改写。

各教材编写语言参考本科留学生所使用的经济、金融专业教材，并广泛听取多方专业人士的意见，课文内容涵盖经济和金融领域常见话题和基本概念，保留专业语料的语体风格，练习和任务的设计贴近商务活动的真实场景，为学习者进入专业学习以及日后进入商务及金融行业就业做好语言准备。

3. 借鉴内容教学法和任务型教学理念，学习过程设计和组织合理，有效。

各教材以话题为单元组织教学，每个单元包含精心选择和设计的学习材料及任务。以交际实践为导向，激发学习者的主动性，引导其在完成任务的过程中理解和掌握基础专业知识，不断提高汉语听、说、读、写各项技能，逐步培养用汉语学习商务和金融专业知识以及从事专业工作的能力，在合作完成任务的过程中培养团队协作精神、终身学习能力和国际化视野。

本系列教材编写用时多年，其间经历多轮教学实践和修改更新。编者大都为多年从事商务汉语教学的一线教师，长期讲授相应课程，对教学组织和教材使用颇有心得。他们工作十分投入，精益求精，正是他们的敬业和执着，使得这项编写工作最终得以高质量地完成。

教材的成功出版，也要感谢北京语言大学出版社各位领导和责任编辑的支持和帮助。出版社专家与编辑团队数次来上海与编者开会讨论，从教材定位、体例设计到语料选择、练习编写，事无巨细，一一商讨落实。出版社的全程支持有力推进了编写工作的顺利进行。

同时，还要感谢上海交大安泰经济与管理学院的领导和老师，他们对教材的编写提出了专业领域的宝贵意见；感谢对外汉语教学界的专家和同人在编写过程中给予的热情鼓励与宝贵建议。

欢迎使用本系列教材的老师和学习者提出宝贵意见和建议，以使教材不断臻于完善。

“知行·经济汉语系列教材”编写组

于上海交通大学

《商务汉语综合教程》使用说明

一、适用对象

本教材主要适用于汉语言专业商务方向、经济类专业本科留学生的商务汉语综合类课程，也适合已具有中级及以上汉语水平（HSK5 级及以上）的外籍商务人士和高年级的汉语进修生使用。

二、定位及目标

本教材是“知行 • 经济汉语系列教材”中的商务汉语综合分册，属于专门用途（商务）汉语教材。教材旨在帮助学习者继续提高用汉语处理商业信息的综合能力，培养国际汉语人才在商务交际和商业研究领域的汉语交际与应用能力。主要目标包括：

- 语言能力　能用汉语熟练完成商业信息和经济信息的理解与表达
- 语言知识　掌握商务汉语词句的构成规律和使用方法
- 专业知识　了解商务、经济专业的基础知识
- 背景知识　了解商业领域、经济生活的现实情况

三、编写特色

本教材是国际中文教育领域对二语教学“Can-do”理念的一次探索和实践。学习目标、学习内容、语言练习都紧扣培养语言交际能力的核心目标，编写理念和方法的创新体现在：

1. 从信息理解与表达的角度逐级细化语言交际能力的学习目标。

本教材秉承二语教学“Can-do”理念，按照“能力板块—能力类—能力项—能力点”的层级，逐级细化培养商务汉语交际能力的总体目标，形成统率全书内容的能力大纲。首先将整体的能力培养目标分为商业信息的理解和表达两大能力板块。再根据目标对象的商务汉语使用需求，将信息的理解细分为“获取—理解—分析—整合”，信息的表达解析为“介绍—说明—调查—研究”。以此八类能力为基础，进一步细化出各单元的能力项目，以及各课的“微”能力点。通过这种逐级细化的方式确保了总体能力目标的具体落实。

2. 以能力培养为核心，多维有序地组织教学单元的内容。

全书以能力大纲为核心，话题大纲为内容范围，辅以语言知识、专业知识、社会知识等多维线索。各项大纲独立有序，纵向递进；又以每课为节点，横向关联。各单元的体例安排、各课的内容编写也同样紧扣能力目标展开。各个板块分工明确，目标清晰，不仅兼顾听说读写多项技能的练习，还调用了体量适中的知识，体现了本书作为综合类语言教材的特点。

3. 运用任务型教学理论设计模拟现实的交际任务。

本教材的每一课均配有仿真的交际任务，以此作为学习者演练和巩固能力项目的实践机会。所有交际任务都根据任务型教学理论设计而成，交际特征尽可能接近真实的交际活动。不仅有具体而明确的情景、角色和目的，而且具有一定的挑战性，学生必须用本课所学、所练的能力技巧才能完成任务、解决问题。同时，教材也提供思路或步骤上的“脚手架”式引导，确保交际任务能激活学习者的交际需求和主动性，并聚焦于能力目标的相关知识及其实际运用。

四、编写体例

全书有宏观篇、微观篇两个分册，按统一的大纲和体例编写，设为“8 个单元 / 册，2 课 / 单元”。每个单元由 6 个部分组成：

单元		
	导语	以“问题 + 图片 + 文字解释”的形式呈现专业话题，明确能力目标
	学习目标	包含能力项目、商务词语、专业知识、背景知识
	第 1 课	学习课文一，重点练习能力点一
	第 2 课	学习课文二，重点练习能力点二
	扩展阅读	提供与单元话题一致的一篇文章，配有围绕单元能力目标而设计的阅读理解练习，供复习、测试或延伸学习
	团队任务	要求以小组形式合作完成一个任务，旨在帮助学习者巩固和反思学习过程

其中，每个单元有两课，各课的结构体例一致，主要包括 4 个部分：

课	热身	作用：导入话题，激活语言和知识 内容：形式丰富的练习
	课文	作用：展示重点学习的能力项目应用实例 内容：课文（体裁、语体风格多样） 词语表（重点词语、专有名词）
	练习	作用：帮助学习者掌握课文的字、词、句，理解课文内容和文中出现的能力点 内容：各种形式的语言练习，覆盖“字—词—句—篇”各级语言单位
	能力训练	作用：帮助学习者掌握本课能力点的应用技巧 内容：语言能力知识＋练习

两册书在话题上各有侧重，分别聚焦宏观经济学和微观经济学角度的常见话题。同时，两册书在能力项目和生词排序上又前后接续。学习者可根据需求灵活选用：或单用一册，对特定话题或能力集中进行重点训练；或连用两册，实现更全面、专业的能力提升。

教材大纲和使用事项请见各册的使用指南。

根据教学需要，书中课文由报纸、杂志、网络等媒体中的语料改写而成。受时间、地域、技术手段等因素限制，我们未能与权利人一一取得联系。虽尽可能在每课后附原作信息，但仍有作品由于转录转载，作者及出处来源不详。对此，我们深表歉意和感谢，衷心希望权利人谅解并与我们联系解决版权事宜。特此声明。

本册使用指南

本教材是《商务汉语综合教程》的宏观篇分册，总体目标、适用对象、编写理念及体例与全套教材保持一致，话题内容侧重宏观经济学角度，主要涉及经济总量、经济构成、产业发展阶段和产业结构等方面，故定名“宏观篇”。通过各单元的学习，学习者能掌握从中文媒体中获取、整理、分析资料与信息的能力。

本书聚焦信息搜集、分析能力的学与练，按“能力板块—能力类—能力项—能力点”逐级细化，并与专业话题紧密结合，确定每单元、每课的能力项和能力点。能力大纲、话题大纲的对应匹配如下：

<table>
<tr><th colspan="2">能力</th><th rowspan="2">话题</th><th rowspan="2">能力项（单元）</th><th rowspan="2">能力点（课）</th></tr>
<tr><th>板块</th><th>类</th></tr>
<tr><td rowspan="4">商业信息的获取与理解</td><td>了解商业信息的出处和来源</td><td>经济与民生</td><td>确定商业信息的出处来源(媒体及发布者)</td><td>确定商业信息的出处（财经类媒体的类型）
确定商业信息的来源（发布者）</td></tr>
<tr><td>快速获取关键的商务信息</td><td>网络经济</td><td>利用标题、主题句等，迅速获取关键的商务信息</td><td>利用标题，分析材料的主要内容
利用主题句，了解材料的主要内容</td></tr>
<tr><td>利用表格整理商业信息</td><td>房地产经济</td><td>利用表格，有效地组织整理商业信息</td><td>利用表格，有效地组织和整理数据
利用表格，快速、有效地整理信息</td></tr>
<tr><td>利用图表整理商业信息</td><td>节能减排与新能源</td><td>利用图表和图示整理信息</td><td>利用图表整理信息
利用图示整理信息</td></tr>
<tr><td rowspan="4">商业信息的分析与整合</td><td>获取权威的针对经济问题的观点和论据</td><td>对外贸易</td><td>确定关于某个经济问题的观点和论据(权威专业数据、他人看法)</td><td>引用权威专业的数据来证明自己的观点
引用相关人士的看法来证明自己的观点</td></tr>
<tr><td>了解商业评论的角度与立场</td><td>本土化</td><td>确定商业评论的角度和立场</td><td>确定商业评论的角度
明确商业评论的立场</td></tr>
<tr><td>归纳商业事物的发展变化</td><td>区域经济</td><td>综合信息，归纳商业事物的发展变化</td><td>综合信息，归纳商业事物发展变化的主要方面
综合信息，归纳经济事物发展变化的过程</td></tr>
<tr><td>归纳人们对商业事物认识的变化</td><td>国际经济合作</td><td>综合信息，归纳人们对商业事物的认识变化或理论发展</td><td>综合信息，归纳人们对商业事物的认识和情感变化
综合信息，归纳某种经济 / 商业理论的发展</td></tr>
</table>

使用建议：

1. 本教材共 8 个单元 16 课，每单元 2 课，每课可以用 4 ～ 8 学时（45 分钟 / 学时）完成。

2. 建议教学顺序：热身→词语讲练→字词句练习→课文讲练→能力训练。

在 8 学时 / 课的情况下，建议课时分配为：热身 + 词语讲练，2 课时；字词句练习，2 课时；课文讲练，2 课时；能力训练，2 课时。

在 4 学时 / 课的情况下，可吸收混合式教学、翻转课堂等教学思想和方法，课外完成字词句知识的学习和练习；课内教学集中在练习答疑、课文学习和能力训练上。

3. 各单元最后的拓展阅读、团队任务可根据教学实际灵活安排。

4. 本教材另配有衔接教材《商务汉语综合教程》(微观篇)。可按照“宏观篇→微观篇”的顺序连用两本，也可按需单学一册。

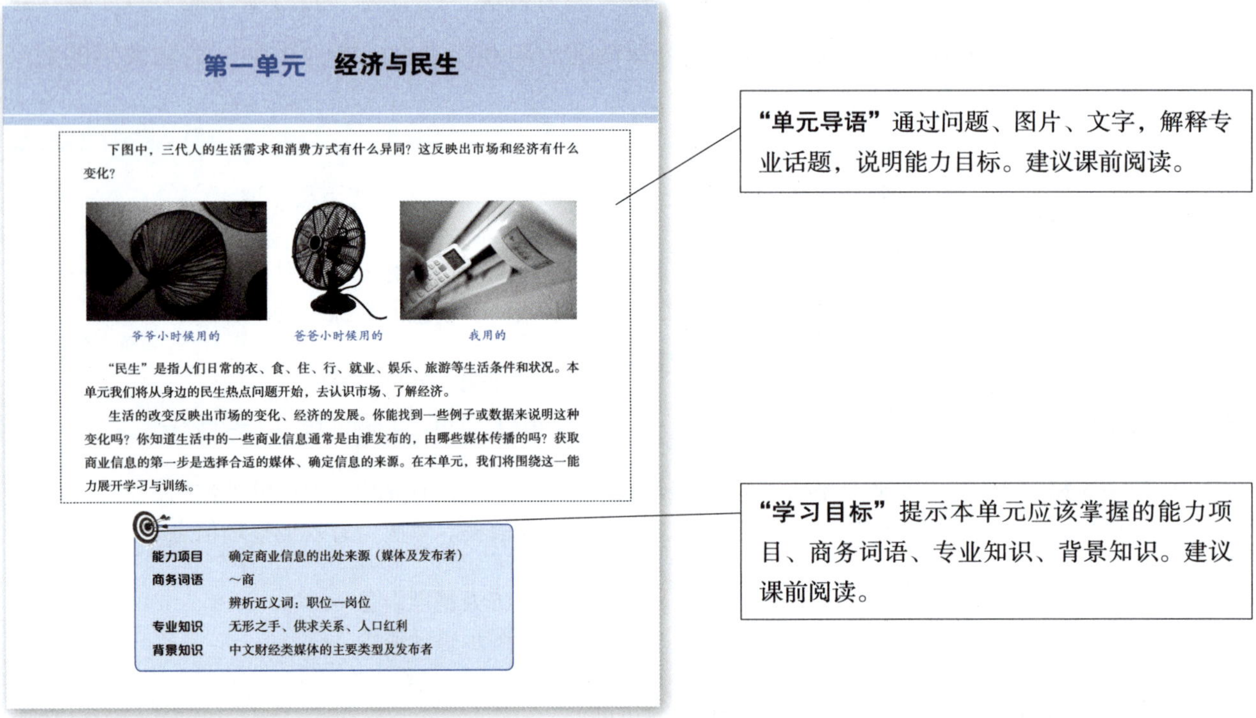

第一单元　经济与民生

下图中，三代人的生活需求和消费方式有什么异同？这反映出市场和经济有什么变化？

爷爷小时候用的　　爸爸小时候用的　　我用的

“民生”是指人们日常的衣、食、住、行、就业、娱乐、旅游等生活条件和状况。本单元我们将从身边的民生热点问题开始，去认识市场、了解经济。

生活的改变反映出市场的变化、经济的发展。你能找到一些例子或数据来说明这种变化吗？你知道生活中的一些商业信息通常是由谁发布的，由哪些媒体传播的吗？获取商业信息的第一步是选择合适的媒体、确定信息的来源。在本单元，我们将围绕这一能力展开学习与训练。

能力项目	确定商业信息的出处来源（媒体及发布者）
商务词语	～商
	辨析近义词：职位—岗位
专业知识	无形之手、供求关系、人口红利
背景知识	中文财经类媒体的主要类型及发布者

第 1 课　物价与百姓生活

1 热 身

看图讨论

观察下面的图片，说说它们反映了什么经济现象。

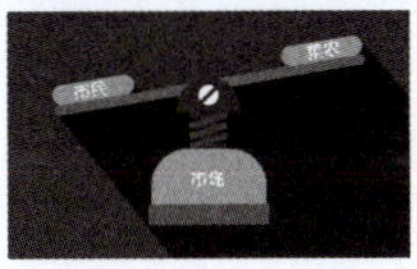

1. 这幅图反映了什么市场的情况？
2. 市民和菜农是什么样的关系？
3. 什么因素会影响他们的关系？

运费上涨，成本又增加了！

卖价太低了，简直是血本无归！

蔬菜太贵了，快要买不起了！

1. 这三幅图片反映了什么市场的情况？
2. 这三个人分别代表谁？
3. 他们分别遇到了什么问题？

“热身”导入话题，激活语言和知识。每个单元一课以听力练习为主（听力文本后附于本书），另一课以口头表达为主。练习短小，形式多样。

商务汉语综合教程　宏观篇

2 课 文

延迟退休引热议 2-2

中国当前正处于人口红利消失以及人口老龄化加速的关键时期，这将对未来的中国经济产生影响。政府因此明确表示，延迟退休是一种必然趋势。这个话题引起了社会各界的热议。

A（某工厂电子商务部负责人）	如果一直在以前那个岗位上，我不会反对延迟退休。因为那个工作我熟悉，做起来得心应手。但从前年起，我的工作岗位发生了变化，我对延迟退休就持反对意见了。我现在的工作很辛苦，所以我想早点儿退休。哪怕现在就让我退休，我也可以接受。（改写自《财新周刊》，2015.3.30）
B（财经评论员）	养老金缺口问题决不能依靠延迟退休来解决。如果延迟退休，会加剧年轻人的就业压力。为了补上养老金缺口就延迟退休、牺牲年轻人的就业岗位，这是得不偿失的。（改写自《南方都市报》，2013.4.23）
C（中国社会科学院研究员）	采取“延退”的办法，要 85 年才能填满个人养老金账户的缺口。现行的养老金制度应该继续运行，不足的部分可以采取财政投入和投资国企这两种方式来补充。（改写自人民微博 - 微访谈，2012.9.28）

“课文”内容与本单元话题一致，作为本课能力点的应用实例，是重点学习的部分。体裁丰富，语体多样。每个单元一篇课文为口语风格，另一篇为书面语风格。有助于学习者体会和区分各种语篇和文本的表达差异。重点学习的词语在文中用蓝色标出。

商务汉语综合教程 宏观篇

4.	缺口	quēkǒu	名	指（经费、物资等）短缺的部分。
				目前，落后地区养老金缺口只能依靠中央政府补贴。
5.	得不偿失	débùchángshī		得到的抵不上失去的。
				这笔收购成本太高，对我们来说是得不偿失的。
6.	现行	xiànxíng	形	现在施行或现在有效的。
				现行的房地产政策对行业和老百姓都是非常好的。
7.	财政	cáizhèng	名	政府部门对资财的收入或支出的管理活动。
				为推动社会保障工作，政府加大了财政投入力度。
8.	收支平衡	shōuzhī pínghéng		收入和支出总体均衡、相等的情况。
				未来中国外债规模将保持稳定，有利于促进国际收支平衡。
9.	适时	shìshí	形	适合时宜，不太早也不太晚。
				政府将适时提出全国基础养老金最低标准调整方案。
10.	劳动力	láodònglì	名	参加劳动的人。
				新体系将提高劳动力市场的灵活性，降低企业成本。
11.	税收	shuìshōu	名	国家依法通过征税取得的财政收入。
				从前三个季度的情况来看，今年国家的税收应该会有一定幅度的提高。
12.	国债	guózhài	名	国家发行的债券。
				上个月，财政部公布了今年第三季度的国债发行计划。
13.	彩票	cǎipiào	名	一种证券，上面编着号码，按票面价格出售。开奖后，持有中奖号码彩票的，可按规定领奖。
				中国发行的彩票有福利彩票和体育彩票两种。
14.	筹资	chóuzī	动	筹集资金。
				他们计划筹资3000多万元，用来改善村里的基础设施。

"词语表"：

（1）本课重点词语，包括词形、拼音、词性、中文解释和例句，重点词语及其搭配在例句中下加着重号强调；

（2）专有名词，包括词形、拼音、中文解释。

HSK 5级及以下水平等级的词语不作为生词列入。

3 练 习

"练习" 覆盖"字—词—句—篇—能力"各级语言单位及能力点。

一、辨字组词。

缺（　　）　缸（　　）

财（　　）　账（　　）

税（　　）　说（　　）

等（　　）　筹（　　）

"练习一" 为汉字练习，要求辨字组词，帮助学生提高识辨本课重点词语字形的准确度。

二、选词填空。

职位　岗位

1. 这次选拔是面向公司全体员工的，大家不论________高低，都可以参与。
2. 这间驾驶室就是火车司机每天的工作________。
3. 我代表公司感谢大家把热情投入到工作中，在平凡的________上默默奉献。
4. 这次的员工考核结果将与未来的________升降、薪酬高低紧密挂钩。

"练习二" 为词语练习，练习与本课重点词语有关的语言知识，如商务词语的常见构词语素、近义商务词语辨析、相关商务词语辨析等语言知识。

每课的形式有所不同，有连线匹配、选词填空、看图说话、词语分类等，体现语言练习手段的多样性。

语言知识

职位　岗位

"职位"与"岗位"意思相近，二者有细微的差别。

"职位"偏重于区分在企业、机关或团体中的等级位置，如：

他的职位晋升了，现在是部门主管。

"岗位"可以指个人在工作中的具体空间位置，也可以指在工作环节中的抽象位置，如：

他俩在公司职位相同，不过一个的工作岗位在上海，一个在南京。

每个人在公司都有自己的工作岗位。

练习后面配有相关语言知识提示。

三、选择恰当的词语，完成下面的句子。（注意与加点词语的搭配）

缺口　现行　适时　国债　收支平衡
财政　红利　劳动力　税收　得不偿失

1. 近期，________市场出现了一个怪现象：企业对于人才的需求一直在增加，但薪酬水平却迟迟不见增长。
2. 公司成立后前两年一直处于亏损状态，今年终于基本上实现了________。
3. 人口________消失会导致经济增长放缓，加重国家的养老负担。
4. 政府将继续维持________的利率。
5. 为了不浪费，喝了过期饮料，不但肚子被折磨了一番，而且看病还花了一笔不小的费用，真是________呀。

"练习三" 为词语练习，要求学生根据句子的意思和提示词选出合适的词语，帮助学生记忆重点词语的词义和用法。词语的常见搭配在句中加着重号作为提示，且尽可能与词语表保持一致。

四、用指定的词语描述图片或图表。

1. 收支平衡、红利

年度收支表

（单位：万元）

收入		支出	
工资	18	日常开销	12
股票分红	1	特殊开销	6.5
合计	19	合计	18.5

“练习四”为词语练习，通过图片提供较为直观的商业信息，针对本课重点词语进行表达训练，帮助学生掌握词语的用法。

五、找出下列句子的主干。

1. 中国当前正处于人口红利消失以及人口老龄化加速的关键时期。
主干：________________

2. 我们将在广泛征求各方面意见的基础上适时提出政策建议。
主干：________________

3. 老年人“退而不休”的情况相当普遍，并未从总量上释放出足够供年轻人就业的岗位。
主干：________________

“练习五”为句子练习，要求学生找出句子结构中的核心成分，主要针对课文中结构复杂的难句、长句进行语法训练，帮助学生扫除课文理解上的障碍。

六、将下面的句子改写为口语体。（加点的部分必须替换为口语词语）

1. 这个话题引起了社会各界的热议。
____

2. 那个工作我熟悉，做起来得心应手。
____

“练习六”为句子练习，要求将书面语风格的句子转化为口语风格，主要针对课文中的书面词语和句式（句中加着重号提示）进行语体风格转化训练，帮助学生扫除课文理解上的又一障碍。

七、根据课文回答下面的问题。

1. 为什么政府认为延迟退休是“必然的”？
____
____

2. 哪些人支持延迟退休？哪些人反对？请把他们的理由写在下面的表格里。（每个理由≤10个字）

名字	理由

名字	理由

“练习七”为语篇练习，针对课文内容进行阅读理解训练。
每课的练习形式有所不同，有单选和不定项选择、判断正误、回答问题、填写图表等，体现练习手段的多样性。

八、读后分析。

将课文中发表观点的各方人士与他们所代表的机构或组织连起来。

A. 某工厂电子商务部负责人
B. 财经评论员
C. 中国社会科学院研究员
D. 政府某部门

1. 企业
2. 行业内的个人
3. 政府
4. 研究机构

“练习八”引导学习者关注能力点在课文中的应用，起到衔接“能力训练”的过渡作用。每课的练习形式有所不同，体现练习的多样性。

4 能力训练

“能力训练”集中讲解、练习本课能力点，是重点练习的部分。

语言能力　确定商业信息的来源（发布者）

财经媒体所传播的各种商业信息主要来自行业内外的机构和个人。信息的内容与发布者的背景、立场有很大的关系，因此获取商业信息时，要注意其来源和发布者。

信息来源		内容举例
行业内部	企业	企业及产品简介、企业动态
	行业协会	市场行情、行业动态、未来趋势
	个人	业内人士的个人观点
行业外部	政府	相关政策、宏观数据、手续流程
	研究机构	专业的分析、评论、预测
	咨询公司	专业分析、解决方案
	新闻机构	记者的发现
	个人	老百姓的个人经历、消费者的个人体验

另外，信息的来源会影响信息的可靠程度，因此，在收集整理信息时还须注意区分一手信息和二手信息。一手信息是作者或说话人自己通过访谈、询问、问卷、研究等方式直接获得的数据或提出的观点，他们就是信息的发布者。在一手信息的前面常常有这样的字眼：

- 据我们调查……
- 本文研究发现……
- 记者走访发现……（文章作者就是媒体记者时）
- 笔者认为……

二手信息是转自政府、协会、企业、媒体或他人的信息，作者或说话人不是信息的发布者。因此，为增强说服力，二手信息常常需要说明信息的发布者。常用句式如：

- 引用……（文中）
- ……称（文中）
- 摘自／引自／选自……（文末）

“语言能力知识”具体说明能力点在语言句式、用词、内容等方面的使用要点。

练习

一、根据下列各段话，说说作者是从哪里得到的相关信息。

据《每日电讯报》报道，今年7月1日起，澳大利亚的退休年龄将提高至67岁。而麦考瑞大学商学院新发布的研究报告认为，澳大利亚的退休年龄还需进一步提高。不过，该研究认为，进一步提高退休年龄应该是一个跨越数十年逐步提升的过程。这份报告认为，须将退休年龄提高至70岁，才能在老年退休人员迅速增加的情况下保持国家养老金制度的可持续性。

“语言能力练习”设有若干语句、语篇练习，帮助学生理解、体会能力点的使用。

情景任务　了解与介绍财政情况

角色：你在一个经济研究所工作。
情景：你们研究团队打算研究各国的财政收支情况。你负责调查某个国家或地区的相关情况，并将信息分享给整个研究团队。

要求：

1. 国家或地区自选。
2. 请说出下列信息：
   A. 政府财政收入的主要来源（参考词语：财政、税收、国债、彩票、筹资）
   B. 法定退休年龄。政府是否考虑调整退休年龄？为什么调整？怎么调整？（参考词语：人口红利、缺口、加速）
   C. 政府财政的收支情况（参考词语：收支平衡、缺口）
3. 在表格中写出以上信息的来源。

问题	文章／视频名称	发布者名称	发布者的类型
A			
B			
C			

“情景任务”为仿真的交际任务，有明确而具体的角色安排、情景设置和步骤要求，为学生提供商务交际活动的实践机会，帮助学生巩固本课重点训练的能力点。

目　录

第七单元　区域经济			
13	**区域资源与经济**	综合信息，归纳商业事物的发展变化	～业、～流
14	**区域经济的动力**		
第八单元　国际经济合作			
15	**区域经济一体化**	综合信息，归纳人们对商业事物的认识变化或理论发展	～人、～售
16	**自贸协定**		
附录 1	**听力文本**		
附录 2	**词语表**		

第一单元　经济与民生

下图中，三代人的生活需求和消费方式有什么异同？这反映出市场和经济有什么变化？

爷爷小时候用的

爸爸小时候用的

我用的

“民生”是指人们日常的衣、食、住、行、就业、娱乐、旅游等生活条件和状况。本单元我们将从身边的民生热点问题开始，去认识市场、了解经济。

生活的改变反映出市场的变化、经济的发展。你能找到一些例子或数据来说明这种变化吗？你知道生活中的一些商业信息通常是由谁发布的，由哪些媒体传播的吗？获取商业信息的第一步是选择合适的媒体、确定信息的来源。在本单元，我们将围绕这一能力展开学习与训练。

能力项目	确定商业信息的出处来源（媒体及发布者）
商务词语	～商
	辨析近义词：职位—岗位
专业知识	无形之手、供求关系、人口红利
背景知识	中文财经类媒体的主要类型及发布者

第 1 课　物价与百姓生活

1 热　身

看图讨论

观察下面的图片，说说它们反映了什么经济现象。

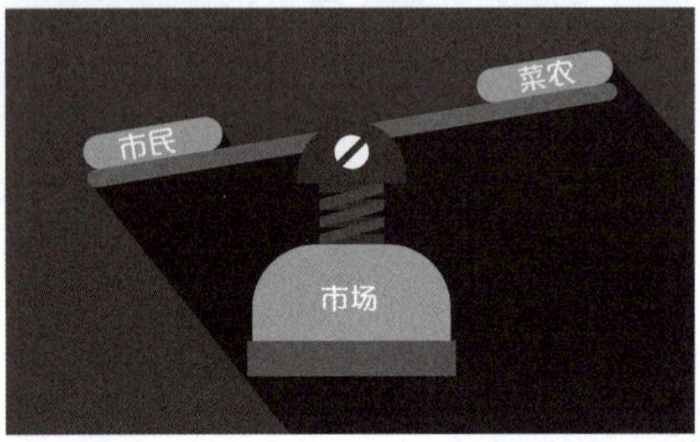

1. 这幅图反映了什么市场的情况？
2. 市民和菜农是什么样的关系？
3. 什么因素会影响他们的关系？

1. 这三幅图片反映了什么市场的情况？
2. 这三个人分别代表谁？
3. 他们分别遇到了什么问题？

2 课　文

何为"菜贵伤民，菜贱伤农"？ 1-1

一、百科知识网站

收藏 | 9 | 3

菜贵伤民 编辑

菜贵伤民，指蔬菜市场上的商品价格居高不下，超出消费者的购买能力，损害了广大消费者的利益。

收藏 | 75 | 27

菜贱伤农 编辑

菜贱伤农，就是指蔬菜价格过低，使单位面积蔬菜的市场收益等于或小于单位面积蔬菜的投入，严重伤害到菜农的利益。

（改写自"百度百科"）

二、报纸

如何告别“菜贵伤民，菜贱伤农”

短短半年不到的时间，菜价缘何暴涨暴跌？因为市场的无形之手。具体说就是，某些蔬菜品种如果前一年价格卖得高，第二年农民就会大量种植，导致供过于求，价格下跌；如果某些蔬菜品种前一年价格暴跌，第二年农民就会少种甚至不种，导致供不应求，价格高涨。菜价暴跌，则菜农亏损，菜贱伤农；菜价暴涨，则城市居民生活成本上升，菜贵伤民。

……

（改写自新华网 2011.4.25，来源：新华每日电讯）

三、杂志

ATTENTION | 关注

“菜篮子”的喜与忧

■ 本刊记者 ××

……

“菜篮子”产品卖贱与买贵问题并存，一方面是产地的农户因信息不对称，缺乏市场话语权，低价卖出农产品；另一方面，由于中间环节多，批发商以高价将农产品卖给消费者。这就出现了“菜贱伤农，菜贵伤民”，“两头叫，中间笑”的尴尬局面。

……

（改写自《农产品市场周刊》，2013.12.12）

四、专业论文

×× 大学 硕士学位论文　　　　　　　　××市蔬菜市场价格波动情况研究

……

从田间到餐桌，蔬菜主要经历了生产、流通、销售三大环节。近两年来，蔬菜价格大幅度波动，时而导致“菜贱伤农”，时而又引发“菜贵伤民”，这一“跷跷板”现象给菜农、批发商、零售商和消费者都带来了一定的影响。

蔬菜作为菜农的主要收入来源，其收购价格过低会直接影响菜农的收益和生存状况。中间商面临着各方面成本上涨的压力，但还是可以做到保本经营。而低收入消费者受菜价上涨的影响最大，若菜价上涨幅度过大，甚至会直接影响到其基本的日常生活。

保持蔬菜价格的基本稳定关系到社会的和谐与百姓的根本利益，如何做到既防止“菜贵伤民”，又防止“菜贱伤农”，是保障民生的关键问题之一。

（改写自《上海市蔬菜市场价格波动的政策分析》，叶君易）

词语表

1-2

1. 贱	jiàn	形	价钱低，与“贵”相对。 蔬菜价格突然“跳水”，“菜贵伤民”迅速演变为“菜贱伤农”。
2. 居高不下	jūgāo-búxià		（数量、价格等）一直很高，没有下降的趋势。 由于原材料价格一直居高不下，这些工厂的成本压力不断加大。
3. 消费者	xiāofèizhě	名	购买或使用商品和服务的个人或组织。 春节期间，我商场将举行一系列促销活动，欢迎广大消费者前来购物。
4. 购买	gòumǎi	动	买。 中国所说的“00后”，在国外被称为“Z世代”，他们的购买能力越来越强。

5. 收益 shōuyì 名 生产上或商业上的收入。

有研究报告称，到 2025 年，全球太阳能电缆市场收益预计将达到 16 亿美元。

6. 投入 tóurù 名 投放的资金。

2022 年前三季度，我公司在研发上的投入已超过 100 亿人民币。

7. 无形之手 wúxíng zhī shǒu 看不见的手，比喻市场在无形中对资源配置发挥着自动调节的作用。与之相对的是“有形之手”，也就是政府调控。

我们应在法律法规的范围之内，尽可能利用市场的无形之手，推动住房租赁市场的发展。

8. 供过于求 gōngguòyúqiú 供应量大于需求量，也就是生产过剩。与之相对的是“供不应求”。

产能不断增加，导致 LCD 产品供过于求。

9. 供不应求 gōngbúyìngqiú 供应不能满足需求，也就是商品短缺。与之相对的是“供过于求”。

近期市场上一些品种的蔬菜供不应求，价格居高不下。

10. 亏损 kuīsǔn 动 支出超过收入。

如果某种农产品供过于求，可能会导致价格下降，农民亏损。

11. 产地 chǎndì 名 物品出产的地方。

杭州是中国著名的茶叶产地。

12. 话语权 huàyǔquán 名 控制、影响舆论走向的支配力量。

企业自己必须掌握核心技术，才能拥有市场话语权，才能在市场上站稳脚跟。

13. 流通 liútōng 动 商品、货币的传递、流转。

一件商品从出厂到到达消费者手上，每增加一个流通环节，要平均加价 5% 至 10%。

14. 中间商　zhōngjiānshāng　销售渠道里的中间环节，包括批发商、零售商、代理商和经纪人等。

在服装工厂和消费者之间，有很多中间商的影子。

15. 保本　bǎoběn　动　保证本钱和资金不受损失。

现在很多书店都只能做到保本经营，能赢利的书店不多。

3 练 习

一、辨字组词。

专（ ）
亏（ ）

通（ ）
痛（ ）

供（ ）
洪（ ）
哄（ ）

贱（ ）
浅（ ）
钱（ ）

二、将下面的词语与对应的意思连起来。

中间商	将商品直接销售给终端消费者的商家
批发商	为企业生产提供原材料、设备、工具及其他资源的企业
零售商	处于生产者和消费者之间，专门从事产品交易活动的企业、个人
生产商	以提供某种服务为主营业务的企业
供应商	将所购进的产品转售给其他销售商，不直接服务于终端消费者的企业
服务商	将原料或零组件制造成产品的商家

语言知识

～商

“～商”是汉语中常见的名词性结构，用来说明企业或个人在商业活动中的角色或主要业务。具体来说，主要有两种结构形式：

动词＋“商”，例如：批发商、销售商、服务商、承包商、外汇交易商。

名词＋“商”，例如：中间商、电商、券商、微商。

三、选择恰当的词语，完成下面的句子。（注意与加点词语的搭配）

流通	投入	中间商	收益	消费者
购买	保本	产地	亏损	话语权

1. 有的售货员会通过顾客的相貌、衣着来判断顾客的________能力。
2. ________面临很大的资金压力，开始降价抛售棉花。
3. 减少________环节能给企业带来直接的价格竞争优势。
4. 明治公司宣布暂停销售某系列奶粉，原因是生产成本高，影响了________。
5. 超市里的樱桃一斤售价十多元，而________的农民只能得到八九毛钱。
6. 政府决定加大________，以保障农业生产。
7. 目前钢材市场供大于求的问题突出，上半年钢铁企业________严重。
8. 这个地区出产的面粉市场份额比较小，因此当地企业在定价上缺乏市场________。
9. 这家咖啡店深受广大________喜爱。
10. 目前，棉纺企业多是________经营，还有一部分处于亏损的状态。

四、用指定的词语描述图片或图表。

1. 消费者、供过于求、供不应求

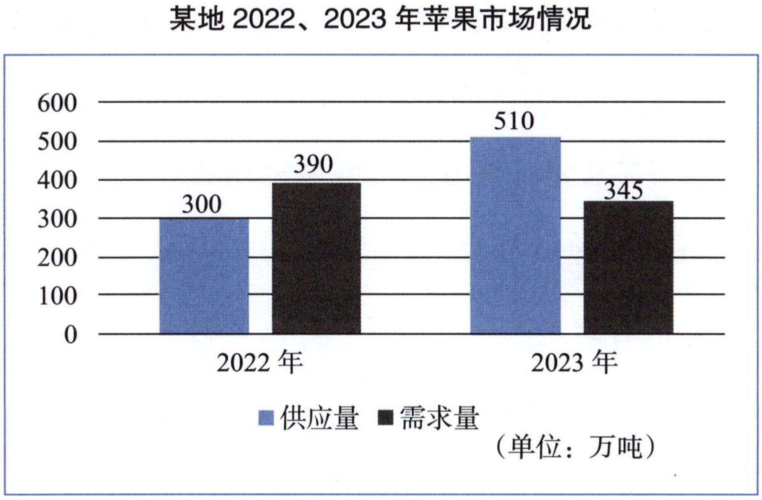

2. 保本、亏损

某公司盈利情况

年份	收入（万元）	支出（万元）	利润（万元）
2019 年	20	35	−15
2020 年	37	37	0
2021 年	45	40	5

3. 流通、中间商、产地

蔬菜流通模式

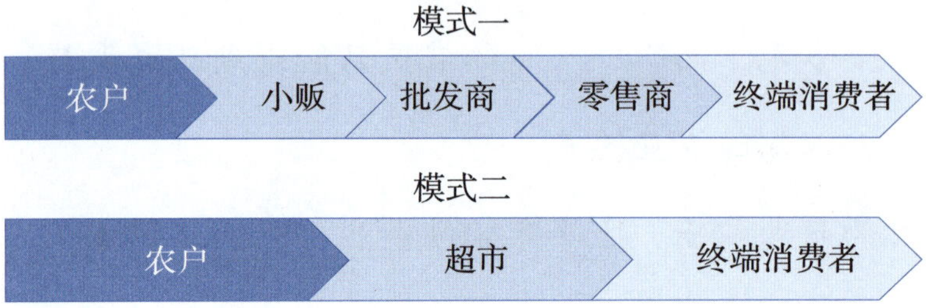

五、找出下列句子的主干。

1. 蔬菜价格过低，使单位面积蔬菜的市场收益等于或小于单位面积蔬菜的投入。

   主干：________________

2. 产地的农户因信息不对称，缺乏市场话语权。

   主干：________________

3. 这就出现了“菜贱伤农，菜贵伤民”，“两头叫，中间笑”的尴尬局面。

   主干：________________

4. 从田间到餐桌，蔬菜主要经历了生产、流通、销售三大环节。

   主干：________________

5. 保持蔬菜价格的基本稳定关系到社会的和谐与百姓的根本利益。

   主干：________________

六、将下面的句子改写为口语体。（加点的部分必须替换为口语词语）

1. 何为“菜贵伤民，菜贱伤农”？

____

2. 蔬菜市场上的商品价格居高不下。

____

3. 菜价缘何暴涨暴跌？

____

4. “菜篮子”产品卖贱与买贵问题并存。

____

5. 蔬菜价格大幅度波动，时而导致“菜贱伤农”，时而又引发“菜贵伤民”。

____

七、根据课文回答下面的问题。

1. 根据“百科知识网站”的介绍，菜价什么时候会“伤民”？什么时候会“伤农”？

____

____

2. 根据报纸的介绍，菜价的暴跌、暴涨是怎么形成的？

____

____

3. 根据杂志的介绍，为什么会同时出现“菜贱伤农，菜贵伤民”的情况？

____

____

4. 根据专业论文的研究，“菜贱伤农，菜贵伤民”对谁有影响？影响程度如何？

____

____

5. 回看本课“热身”（P2）中的图片，结合课文，分析一下课文中哪几段谈到了第一幅图的情况，哪几段说明了第二组图片反映的情况。请总结两种情况发生的主要原因，完成下面的表格。

情况	文章	原因
“菜贱伤农”与“菜贵伤民”交替发生		
“菜贱伤农”与“菜贵伤民”同时存在		

八、读后分析。

1. 课文的内容分别来自哪些媒体？

____

____

2. 你认为还有什么媒体也可能会提到“菜贱伤农，菜贵伤民”这个话题？

____

____

4 能力训练

语言能力 确定商业信息的出处（财经类媒体的类型）

财经资讯和知识的来源非常广泛，主要有以下几种。

首先是平面媒体，如：

报纸
- 财经类报纸
- 证券类报纸

杂志期刊
- 财经杂志
- 学术期刊

书籍
- 专业教材
- 经济类图书
- 商务类图书

其次，电视、广播等各种媒体渠道也不断地发布着经济新闻和商业报道等信息。其中有一些是专注于经济、商务话题的传媒机构，如中央电视台经济频道（CCTV-2）、第一财经频道。此外，很多综合性的媒体也有专门报道经济话题和商业信息的节目和栏目。

第三，互联网也是一个非常活跃和发达的商业信息发布渠道，我们可以从各种组织的官网、财经资讯网站等媒体中了解海量的商业信息。

官网
- 企业官网
- 行业协会官网
- 政府及相关部门官网
- 研究机构官网

财经信息网站
- 商业信息网站
- 综合信息网站的财经频道

财经专业网站
- 专业知识网站
- 专业论文网站

自媒体
- 微博
- 微信

以上种类的媒体在内容上各有侧重。有的重点报道经济新闻，有的偏向于商业评论，还有的关注理论研究。查找商业信息时，首先要根据所需信息的内容选择合适的媒体作为查找渠道。

需要注意的是，网络搜索引擎（如百度、谷歌）跟图书馆一样，只是搜索信息的渠道和工具，并不是传播信息的媒体，也不是信息的出处。

练习

一、下面各组词语中，均有一个不属于媒体类型，请把它找出来。

A. 报纸　　网络　　杂志　　新闻

B. 视频　　书籍　　网络　　电视

C. 杂志　　期刊　　政府　　广播

D. 企业官网　　上网　　自媒体　　信息网站

二、将下面“A～I”九种媒体归入“网络、报纸、电视、杂志期刊、广播、书籍”等媒体类型中。

网络　　报纸　　电视　　杂志期刊　　广播　　书籍

CCTV2 财经

A

CNR 中央人民广播电台 经济之声 进一步的声音

B

C

D

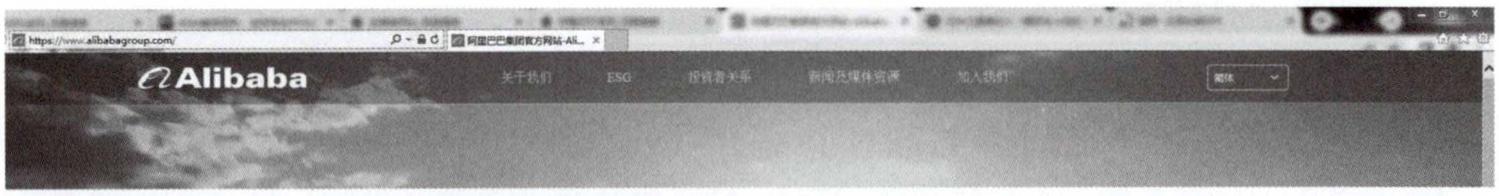

E

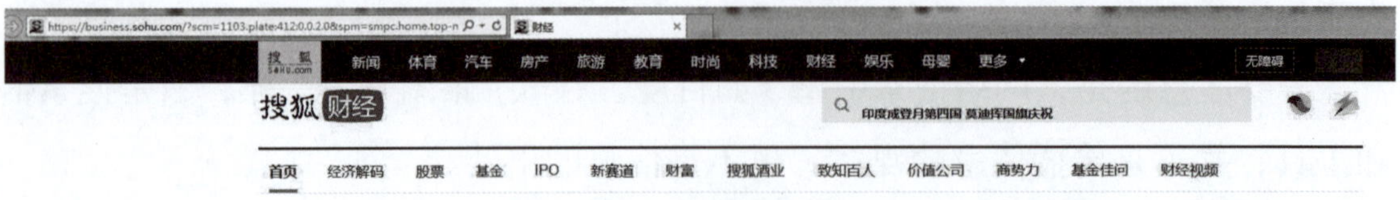

F

G

H

I

三、写出你所知道的财经类媒体。

网络＿＿＿＿＿＿＿＿　　报纸＿＿＿＿＿＿＿＿

电视＿＿＿＿＿＿＿＿　　杂志期刊＿＿＿＿＿＿

广播＿＿＿＿＿＿＿＿　　书籍＿＿＿＿＿＿＿＿

情景任务 了解和介绍市场情况

角色： 你在一个经济研究所工作。

情景： 你们研究团队打算研究某类产品在全球的市场情况。你负责通过各种财经媒体了解某个地区的相关情况，然后将信息分享给整个研究团队。

要求：

1. 产品和地区自选。
2. 搜集并整理出下列信息：

A. 这类产品的供求情况（参考词语：供求平衡、供不应求、供过于求）

________________（产品）市场

国家 / 城市 / 地区：________________

B. 生产这类产品的某家企业的经营情况（参考词语：亏损、保本、盈利）

公　　司：________________

经营情况：________________

C. 这类产品“生产商——消费者”的中间环节（参考词语：流通、中间商）

3. 在表格中写出以上信息的出处。

问题	文章 / 视频名称	媒体名称	媒体类型
A			
B			
C			

第 2 课　延迟退休与社保基金

1 热　身

听力理解

听后选择唯一正确的答案。 2-1

1. 根据说话人的意思，下图中哪个时间段最可能是“人口红利期”？(　　)

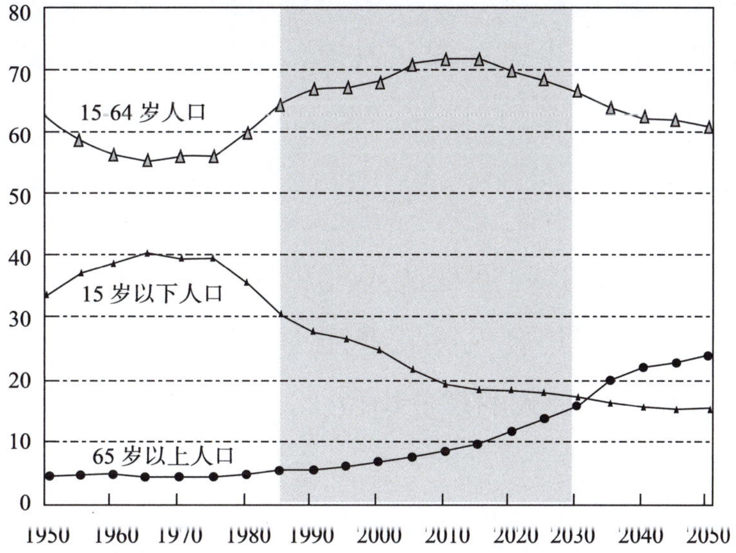

A. 阶段　　B. 阶段　　C. 阶段

2. “人口红利”对经济的影响不包括哪一个？(　　)

A. 提供充足的劳动力　　B. 提供大量的黄金

3. 哪种情况能带来“人口红利”？(　　)

A. 劳动年龄人口增加快　　B. 劳动年龄人口的比重大

4. 近年来，中国出现了什么新情况？(　　)

A. 人口红利消失　　B. 产生二次人口红利

5. 录音中提出的应对这一新情况的办法是什么？(　　)

A. 提高出生率　　B. 延迟退休

2 课文

延迟退休引热议 2-2

中国当前正处于人口红利消失以及人口老龄化加速的关键时期，这将对未来的中国经济产生影响。政府因此明确表示，延迟退休是一种必然趋势。这个话题引起了社会各界的热议。

A （某工厂电子商务部负责人）	如果一直在以前那个岗位上，我不会反对延迟退休。因为那个工作我熟悉，做起来得心应手。但从前年起，我的工作岗位发生了变化，我对延迟退休就持反对意见了。我现在的工作很辛苦，所以我想早点儿退休。哪怕现在就让我退休，我也可以接受。 （改写自《财新周刊》，2015.3.30）
B （财经评论员）	养老金缺口问题决不能依靠延迟退休来解决。如果延迟退休，会加剧年轻人的就业压力。为了补上养老金缺口就延迟退休、牺牲年轻人的就业岗位，这是得不偿失的。 （改写自《南方都市报》，2013.4.23）
C （中国社会科学院研究员）	采取“延退”的办法，要85年才能填满个人养老金账户的缺口。现行的养老金制度应该继续运行，不足的部分可以采取财政投入和投资国企这两种方式来补充。 （改写自人民微博 - 微访谈，2012.9.28）

D （政府某部门）	延迟退休是必然的趋势。它有利于拓展个人的职业发展空间，增加退休后的收入；也有利于养老保险和医疗保险基金的收支平衡。也有观点认为，当前的就业形势仍是供大于求，提高退休年龄可能会进一步加剧就业紧张的形势。我们将在广泛征求各方面意见的基础上适时提出政策建议。 （改写自人力资源和社会保障部官网）
E （大学教授）	提高退休年龄未必会增加年轻人的就业压力。在我国劳动力市场上，老年人和年轻人并不存在绝对的替代关系。目前，由于退休年龄低，老年人“退而不休”的情况相当普遍，并未从总量上释放出足够供年轻人就业的岗位。 （改写自人民网财经频道，2012.7.13）
F （某银行首席经济学家）	要弥补中国的养老金缺口，可以考虑税收、国债、彩票等办法。但是，大幅提高税收会严重抑制经济增长；大量发行国债最后会导致债务危机；发彩票来筹资只是杯水车薪……相对于其他办法来说，提高退休年龄是较为可行的方案之一。 （改写自《东方早报》，2012.6.20）

词语表

2-3

1. 红利 hónglì 名 额外的报酬或收益。
   近年来该地区人口红利逐年递减，老龄化程度持续加剧。
2. 加速 jiāsù 动 加快速度。
   人社部表示，将针对人口老龄化加速的趋势，适时研究应对措施。
3. 岗位 gǎngwèi 名 泛指职位。
   全国名企招聘会将提供8000多个高端岗位，这些岗位的平均年薪达25万元以上。

4. 缺口　quēkǒu　名　指（经费、物资等）短缺的部分。

目前，落后地区养老金缺口只能依靠中央政府补贴。

5. 得不偿失　débùchángshī　得到的抵不上失去的。

这笔收购成本太高，对我们来说是得不偿失的。

6. 现行　xiànxíng　形　现在施行或现在有效的。

现行的房地产政策对行业和老百姓都是非常好的。

7. 财政　cáizhèng　名　政府部门对资财的收入或支出的管理活动。

为推动社会保障工作，政府加大了财政投入力度。

8. 收支平衡　shōuzhī pínghéng　收入和支出总体均衡、相等的情况。

未来中国外债规模将保持稳定，有利于促进国际收支平衡。

9. 适时　shìshí　形　适合时宜，不太早也不太晚。

政府将适时提出全国基础养老金最低标准调整方案。

10. 劳动力　láodònglì　名　参加劳动的人。

新体系将提高劳动力市场的灵活性，降低企业成本。

11. 税收　shuìshōu　名　国家依法通过征税取得的财政收入。

从前三个季度的情况来看，今年国家的税收应该会有一定幅度的提高。

12. 国债　guózhài　名　国家发行的债券。

上个月，财政部公布了今年第三季度的国债发行计划。

13. 彩票　cǎipiào　名　一种证券，上面编着号码，按票面价格出售。开奖后，持有中奖号码彩票的，可按规定领奖。

中国发行的彩票有福利彩票和体育彩票两种。

14. 筹资　chóuzī　动　筹集资金。

他们计划筹资3000多万元，用来改善村里的基础设施。

3 练 习

一、辨字组词。

缺（ ）
缸（ ）

财（ ）
账（ ）

税（ ）
说（ ）

等（ ）
筹（ ）

二、选词填空。

职位 岗位

1. 这次选拔是面向公司全体员工的，大家不论________高低，都可以参与。
2. 这间驾驶室就是火车司机每天的工作________。
3. 我代表公司感谢大家把热情投入到工作中，在平凡的________上默默奉献。
4. 这次的员工考核结果将与未来的________升降、薪酬高低紧密挂钩。

语言知识

职位 岗位

“职位”与“岗位”意思相近，二者有细微的差别。

“职位”偏重于区分在企业、机关或团体中的等级位置，如：

他的职位晋升了，现在是部门主管。

“岗位”可以指个人在工作中的具体空间位置，也可以指在工作环节中的抽象位置，如：

他俩在公司职位相同，不过一个的工作岗位在上海，一个在南京。

每个人在公司都有自己的工作岗位。

三、选择恰当的词语，完成下面的句子。（注意与加点词语的搭配）

缺口	现行	适时	国债	收支平衡
财政	红利	劳动力	税收	得不偿失

1. 近期，________市场出现了一个怪现象：企业对于人才的需求一直在增加，但薪酬水平却迟迟不见增长。
2. 公司成立后前两年一直处于亏损状态，今年终于基本上实现了________。
3. 人口________消失会导致经济增长放缓，加重国家的养老负担。
4. 政府将继续维持________的利率。
5. 为了不浪费，喝了过期饮料，不但肚子被折磨了一番，而且看病还花了一笔不小的费用，真是________呀。
6. 有专家认为，比较有效的控烟措施是提高烟草价格和________。
7. 该地区将彩票公益金收入的 30% 用于弥补养老金的________。
8. 据财政部公告，第七期________将于本月 10 日开始面向社会个人发行。
9. 公司考虑通过团队或者项目合作的方式，________地进入电视综艺市场。
10. 记者了解到，该地区将加大________投入，改善农村居住环境。

四、用指定的词语描述图片或图表。

1. 收支平衡、红利

年度收支表

（单位：万元）

收入		支出	
工资	18	日常开销	12
股票分红	1	特殊开销	6.5
合计	19	合计	18.5

2. 劳动力、岗位、缺口

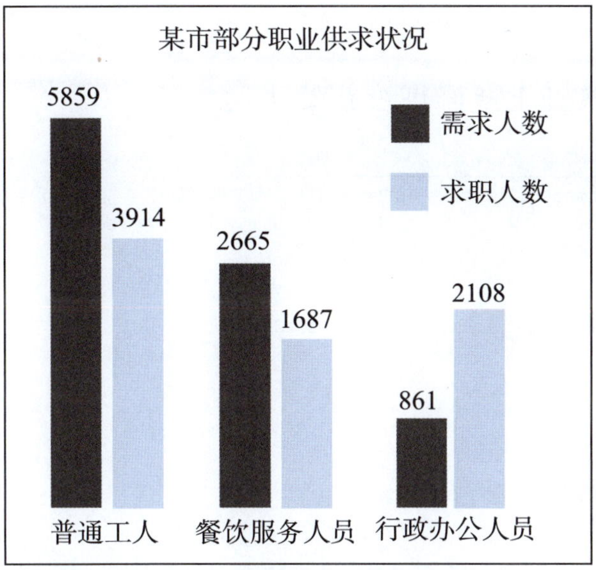

3. 财政、税收、国债、彩票

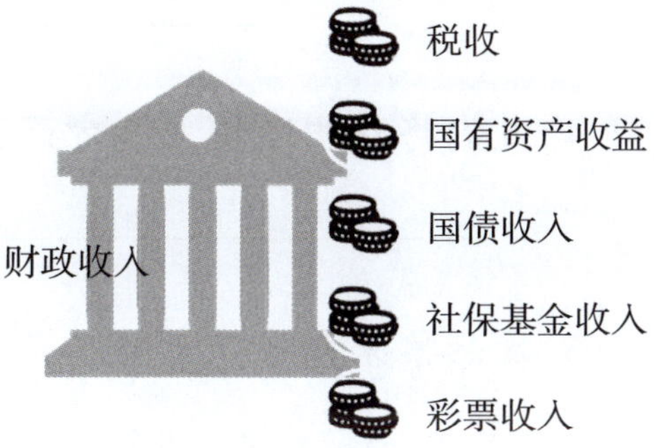

五、找出下列句子的主干。

1. 中国当前正处于人口红利消失以及人口老龄化加速的关键时期。

主干：______________________________

2. 我们将在广泛征求各方面意见的基础上适时提出政策建议。

主干：______________________________

3. 老年人“退而不休”的情况相当普遍，并未从总量上释放出足够供年轻人就业的岗位。

主干：______________________________

六、将下面的句子改写为口语体。（加点的部分必须替换为口语词语）

1. 这个话题引起了社会各界的热议。

____

2. 那个工作我熟悉，做起来得心应手。

____

3. 如果延迟退休，会加剧年轻人的就业压力。

____

4. 我们将在广泛征求各方面意见的基础上适时提出政策建议。

____

5. 发彩票来筹资只是杯水车薪。

____

七、根据课文回答下面的问题。

1. 为什么政府认为延迟退休是“必然的”？

____

____

2. 哪些人支持延迟退休？哪些人反对？请把他们的理由写在下面的表格里。（每个理由≤ 10 个字）

名字	理由

名字	理由

3. 课文中的观点分别来自哪些类型的媒体？

____

____

4. 作者是怎么说明这些观点的来源的？

____

____

八、读后分析。

将课文中发表观点的各方人士与他们所代表的机构或组织连起来。

A. 某工厂电子商务部负责人	1. 企业
B. 财经评论员	2. 行业内的个人
C. 中国社会科学院研究员	3. 政府
D. 政府某部门	4. 研究机构

4 能力训练

语言能力 确定商业信息的来源（发布者）

财经媒体所传播的各种商业信息主要来自行业内外的机构和个人。信息的内容与发布者的背景、立场有很大的关系，因此获取商业信息时，要注意其来源和发布者。

信息来源		内容举例
行业内部	企业	企业及产品简介、企业动态
	行业协会	市场行情、行业动态、未来趋势
	个人	业内人士的个人观点
行业外部	政府	相关政策、宏观数据、手续流程
	研究机构	专业的分析、评论、预测
	咨询公司	专业分析、解决方案
	新闻机构	记者的发现
	个人	老百姓的个人经历、消费者的个人体验

另外，信息的来源会影响信息的可靠程度，因此，在收集整理信息时还须注意区分一手信息和二手信息。一手信息是作者或说话人自己通过访谈、询问、问卷、研究等方式直接获得的数据或提出的观点，他们就是信息的发布者。在一手信息的前面常常有这样的字眼：

- 据我们调查……
- 本文研究发现……
- 记者走访发现……（文章作者就是媒体记者时）
- 笔者认为……

二手信息是转自政府、协会、企业、媒体或他人的信息，作者或说话人不是信息的发布者。因此，为增强说服力，二手信息常常需要说明信息的发布者。常用句式如：

- 引用……（文中）
- ……称（文中）
- 摘自/引自/选自……（文末）

- 见……（文末）
- 据/根据……（文中句首、文末）

使用时请注意它们在文章中出现的位置。

练习

一、根据下列各段话，说说作者是从哪里得到的相关信息。

据《每日电讯报》报道，今年7月1日起，澳大利亚的退休年龄将提高至67岁。而麦考瑞大学商学院新发布的研究报告认为，澳大利亚的退休年龄还需进一步提高。不过，该研究认为，进一步提高退休年龄应该是一个跨越数十年逐步提升的过程。这份报告认为，须将退休年龄提高至70岁，才能在老年退休人员迅速增加的情况下保持国家养老金制度的可持续性。

来源		信息
	→	澳大利亚的退休年龄将提高至67岁。
	→	将退休年龄提高至70岁才能保证澳大利亚养老金制度的良好发展。

根据人社部的数据，中国是目前世界上居民退休年龄最低的国家，平均退休年龄不到55岁。而大多数国家规定的退休年龄都在65岁左右，且均呈现出渐进式延迟的趋势。中国人社部表示，人社部经中央批准后将向社会公开延迟退休改革方案，小步慢走，逐步推迟到合理的退休年龄。

来源		信息
	→	中国是退休年龄最低的国家。
	→	中国将慢慢提高退休年龄。

英国广播公司网站10月2日引用中国老龄工作委员会办公室的统计数据称，中国60岁及以上的老年人口已经突破2亿，中国未来发展的人口红利逐渐消失。这是中国不得不面对的国情。据专家预测，到2050年，这一数字将接近5亿，人口老龄化水平也将由14.8%逐年增加到35%左右，中国已经迎来了“银发社会”。

来源		信息
	→	现在中国60岁及以上的老年人口已突破2亿。
	→	2050年中国60岁及以上的老年人口将接近5亿。

《21世纪经济报道》的记者发现，许多国家的退休年龄已经超过65岁。如果继续推迟，有望达到70大关。中国老龄协会编印的《奋进中的中国老龄事业》表示，从1999年至今，中国老龄人口净增长1.18亿，中国已经成为世界上唯一一个老年人口超过2亿的国家。

来源		信息
	→	很多国家的退休年龄已超过65岁。
	→	老年人超过2亿的国家只有中国。

二、确定一个行业范围，通过各种媒体查找你认为有价值的商业信息，并将信息内容、发布者等内容整理到下面的表格中。

<table>
<tr><th>行业</th><th colspan="2">信息来源</th><th>发布者</th><th>信息概要</th></tr>
<tr><td rowspan="8"></td><td rowspan="3">行业内部</td><td>企业</td><td></td><td></td></tr>
<tr><td>行业协会</td><td></td><td></td></tr>
<tr><td>个人</td><td></td><td></td></tr>
<tr><td rowspan="5">行业外部</td><td>政府</td><td></td><td></td></tr>
<tr><td>研究机构</td><td></td><td></td></tr>
<tr><td>咨询公司</td><td></td><td></td></tr>
<tr><td>新闻机构</td><td></td><td></td></tr>
<tr><td>个人</td><td></td><td></td></tr>
</table>

情景任务 了解与介绍财政情况

角色： 你在一个经济研究所工作。

情景： 你们研究团队打算研究各国的财政收支情况。你负责调查某个国家或地区的相关情况，并将信息分享给整个研究团队。

要求：

1. 国家或地区自选。
2. 请说出下列信息：
   A. 政府财政收入的主要来源（参考词语：财政、税收、国债、彩票、筹资）
   B. 法定退休年龄。政府是否考虑调整退休年龄？为什么调整？怎么调整？（参考词语：人口红利、缺口、加速）
   C. 政府财政的收支情况（参考词语：收支平衡、缺口）
3. 在表格中写出以上信息的来源。

问题	文章 / 视频名称	发布者名称	发布者的类型
A			
B			
C			

5 扩展阅读

问题

1. 文章提到了哪些机构和人士？
2. 今年的物价如何？作者是从哪里了解到的？
3. 今年的菜价如何？作者是从哪里了解到的？
4. 有形之手如何“兼顾供给链两端百姓的利益”？谁向作者提供了这方面的信息？
5. 中国的劳动力价格有什么变化趋势？为什么会这样？是谁提供的这个信息？

今年物价或将保持温和

国家统计局9日发布的数据显示，3月份全国居民消费价格总水平（CPI）同比上涨2.1%，较前月涨幅明显缩小。从目前的情况看，蔬菜供应充足，菜价将呈继续下行的趋势。

多个机构预计，今年全国物价将保持在温和的水平上，物价大幅上升的压力不大，为有形之手的调控预留下更多空间。比如民生调控可以更多地兼顾供给链两端百姓的利益。

今年以来，全国多个省、市陆续调高最低工资标准等民生标准。从4月1日起，上海将劳动者月最低工资标准从之前的1450元调整为1620元。而最低工资中不包括加班费、特殊工作环境下的津贴等规定，则是对劳动者更为人性化的保护。复旦大学经济学教授殷醒民认为，在平抑物价的同时，调整居民收入等民生标准，可以让百姓享受到收入增加、物价稳定的实惠。

另一方面，作为供给者的菜农、养殖户等方的利益也需保护，应避免价格波动引起“菜贱伤农”“肉贱伤农”。上海市商业经济研究中心首席研究员齐晓斋认为，推进鲜活农产品流通体系建设，公开基本消费品的生产、价格信息等措施可以指导种植户、养殖户合理投入，规避价格的大幅波动。

中国国际经济交流中心咨询研究部副部长王军认为，随着天气的转暖，蔬菜价格在最近一两个季度内将不会出现明显反弹，加上中国经济增速总体平稳，今年物价总体上将保持温和可控的态势。但亚洲开发银行驻华代表处高级经济学家庄健认为，食品价格可能会因为恶劣天气而存在不确定因素。

从长远看，中国的通胀压力将长期存在。王军认为，当前中国人口红利已经出现拐点，劳动力价格将持续上涨。此外，资源价格上涨也是大势所趋，环境成本也会不断攀升。中国已经进入了成本推动的价格上涨阶段，不过这种上涨是持续缓慢的。

（改写自《今年物价总体将处在温和可控水平》，新华每日电讯，2014.1.10）

团队任务

任务说明

通过各种媒体了解某地区的蔬菜 / 水果市场的情况。

任务要求

1. 选择一个地区（国家或城市）的一种水果或蔬菜。
2. 通过各种媒体了解：
   - 影响这种蔬菜 / 水果在当地的价格的主要因素；
   - 关于改进市场供应的各方建议。

任务步骤

分组	组成小组，确定组长、时间安排及分工等内容
确定调查对象	选择一个地区的一种蔬菜 / 水果 确定媒体类型
搜集信息	从不同类型的媒体中查找相关信息（价格的影响因素、改进市场的建议） 记录信息的主要内容、出处、发布者
口头 / 书面报告	调查的基本情况（研究对象、媒体类型和数量、信息发布者的类型和数量） 影响价格的主要因素 从哪些方面改进市场供应 资料来源

第二单元　网络经济

在下面的图片中，你看到了经济领域的什么新现象？

现在人们的创业热情越来越高。有人认为这与移动互联网的技术革命有关，很多国家、政府也鼓励人们利用互联网来创业。

你知道利用互联网创业成功的例子吗？你是从哪里了解创业者和他们的故事的？互联网中的案例与信息是海量的，你知道如何快速从中获取自己所需的关键信息吗？在本单元，我们将围绕这一能力展开学习与训练。

能力项目	利用标题、主题句等，迅速获取关键的商务信息
商务词语	电子～、～经济
专业知识	“互联网＋”
背景知识	中国互联网企业与传统企业的联合

第 3 课　“互联网 +”生活

1 热　身

小组调查

1. 你和你同学手机里安装最多的 APP 是哪些？

2. 这些 APP 的功能是什么？分别用于满足哪些方面的需求？

TOP 1

APP：________________

功能：________________

TOP 2

APP：________________

功能：________________

TOP 3

APP：________________

功能：________________

手机 APP 渗透率排名

2 课 文

“互联网 +”改变生活 3-1

对于广大都市上班族而言，每天拖着疲惫的身躯赶公交、挤地铁、吃快餐已是常态。而如今，不少人正在走向“新常态”——“一网在手，一往无前，没什么解决不了的！”

在深圳科技园一家手机游戏公司实习的邓子倩每天是这么过的：清晨坐进预约好的嗒嗒巴士，在上班路上享受免费空调和片刻的宁静；中午与同事拼单，在办公室等待在“美团外卖”下单的午餐。“这年头出门带个手机就足够了。”她说。

“互联网 +”平台在中国正如雨后春笋般迅猛发展。广义而言，“互联网 +”意为“互联网 + 传统行业”。“互联网 + 商场”是诸如京东、淘宝这样的网上购物平台，“互联网 + 出租车”衍生出各种打车服务软件，“互联网 + 女性产业”便有了各类美容美体软件……

数据显示，截至 2022 年年底，中国网民数量已达 10.67 亿，网民渗透率增至 75.6%，其中更有 10.65 亿的手机网民，占所有上网人群的 99.8%。“互联网 +”产生的电子商务、电子政务、互联网金融、在线旅游等渗透到社会各个行业，对大众生活产生了巨大的影响。

“我预约了美甲，一个女孩儿拖着个装满各色甲油与工具的箱子就来了。准时、专业、便宜。”刚参加工作的城市白领高楠说，“如果在平台上发表评论或反馈意见，还能收到平台赠送的货真价实的优惠券。”

很多平台不仅方便了大众，还能解决就业问题。“e 袋洗”取货送货的员工几乎都是各社区内的退休人员，他们熟悉社区情况。对他们来说，这份工作既能增加收入，又可以打发时间。

不过，人们也注意到互联网蓬勃发展背后隐藏的风险。业内人士认为，信息安全问题将会是最大的隐患，要建立完善的防火墙系统，以防消费者的个人信息被不法分子利用。

（改写自《“一网在手，万事亨通”——“互联网＋”改变生活》，新华网，2015.8.12；文中数据根据《数字中国发展报告[2022年]》更新）

词语表

3-2

1. 常态　chángtài　名　正常的状态。

   短期来看，未来两个月内资金紧张可能是常态。

2. 一往无前　yìwǎng-wúqián　指不怕困难，奋勇前进。

   愿你从此不再迟疑和彷徨，向着美好的明天，一往无前。

3. 实习　shíxí　动　把学到的理论知识拿到实际工作中去应用和检验，以锻炼工作能力。

   那段实习经历让他在为人处事方面成长了很多。

4. 拼单　pīndān　动　找到有相似购物需求的人，有针对性地组织集体购买。

   与家人、朋友拼单，可以让我们享受到更优惠的价格。

5. 下单　xiàdān　动　发出订单或买单。

   这款产品上市第一天就有很多用户在网上下单。

6. 平台　píngtái　名　计算机硬件或软件的操作环境。

   在相当短的时间内，安卓平台就已经发展成为主流的智能手机和平板操作系统。

7. 衍生　yǎnshēng　动　演变发生。

   物流与互联网的深度融合将会衍生出智慧物流。

8. 截至　jiézhì　动　截止到（某个时候）。

   截至今年9月，巴西大豆在欧盟进口大豆总量中的占比降至40%。

9. 网民渗透率　wǎngmín shèntòulǜ　使用互联网上网的人数比例。

   随着移动互联网的飞速发展，该国移动端的网民渗透率也增至83.4%。

10. 电子商务 diànzǐ shāngwù 以信息网络技术为手段，以商品交换为中心的商务活动。

电子商务已渗透到各个行业中，大到家用电器，小到玩具、日用品，都出现了电子商务的身影。

11. 电子政务 diànzǐ zhèngwù 基于互联网技术面向政府机关的信息处理系统。

上海的电子政务建设起步较早，目前开始迈向提供高效、智能、个性化服务的智慧政府的阶段。

12. 互联网金融 hùliánwǎng jīnróng 基于互联网的金融业务模式。

互联网金融发展迅猛，已渗透到我们生活的各个领域。

13. 反馈 fǎnkuì 动 （信息、反映等）返回。

我们应该根据用户的反馈意见改进软件的功能。

14. 货真价实 huòzhēn-jiàshí 货物不是冒牌的，价钱也是实在的。

淘宝网上拍卖过飞机，不是玩具模型，而是三架货真价实的波音747。

15. 业内人士 yènèi rénshì 某种行业或业务范围以内的人。

业内人士普遍认为，企业初创以后的六个月是企业最为脆弱的时期。

16. 隐患 yǐnhuàn 名 潜藏着的祸患。

管理部门认为“共享电动车”的推出不能像共享自行车那样“一拥而上”，否则隐患巨大。

专有名词

1. 深圳科技园 Shēnzhèn Kējìyuán 深圳的一个产业园区，聚集了一批高新技术企业。
2. 嗒嗒巴士 Dādā Bāshì 一款可以定制上下班巴士的软件。
3. 美团 Měituán 一个团购网站。
4. 京东 Jīngdōng 中国的一个 B2C 网上购物商城。

3 练　习

一、辨字组词。

券（　　）
卷（　　）
拳（　　）

馈（　　）
溃（　　）
遗（　　）

渗（　　）
掺（　　）
惨（　　）

截（　　）
载（　　）

货（　　）
贷（　　）

行（　　）
行（　　）

二、将下面的词语与对应的意思连起来。

电子邮件	纸质发票的电子形式
电子商务	用于个人和家庭的与广播、电视、通信有关的音频和视频产品
电子政务	一种将传统的印刷词典转成数码方式、进行快速查询的数字学习工具
电子发票	E-mail
消费类电子产品	政府部门 / 机构利用现代信息科技和网络技术，实现电子化内部办公，协同办公和对外服务的程序、系统、过程和界面
电子词典	以信息网络技术为手段，以商品交换为中心的商务活动

语言知识

电子～

“电子～”是名词性结构，用来说明与电子或电子技术有关的产品、行业。包括：

使用电的机械或工具仪器，例如：电子词典、电子计算机、电子显微镜、电子望远镜。

与互联网有关的产品、行业等，例如：电子邮件、电子商务、电子政务、电子发票。

三、选择恰当的词语，完成下面的句子。（注意与加点词语的搭配）

平台	截至	常态	电子商务	货真价实
衍生	实习	下单	隐患	业内人士

1. ________今晨，这部电影的票房收入达 16.03 亿。
2. 这个外卖平台承诺，在北京市内，从消费者________到快递员送货到家最多只需一个小时。
3. 这篇商业评论认为，公布旅游服务黑名单应成为________。
4. 由于存在安全________，该公司今日紧急下架了这款手机游戏。
5. 你就放心地选购吧，这个平台的商品都是________的。
6. 我市将与互联网平台合作，将互联网与传统的粮食交易相结合，共同打造粮食电子交易________。
7. 经过深加工，普通的大枣可以________出干红枣、枣粉、枣茶等 25 个品种的枣产品，价格也翻了十几倍。
8. 随着互联网技术的发展，________广泛渗透到生产、流通、消费等各个领域。
9. ________认为，社区快递代收业务可以让便利店与居民产生更多联系。
10. 我毕业以前曾经在保险公司________，这让我对金融行业有了更深刻、更真实的了解。

四、用指定的词语描述图片或图表。

1. 截至、平台

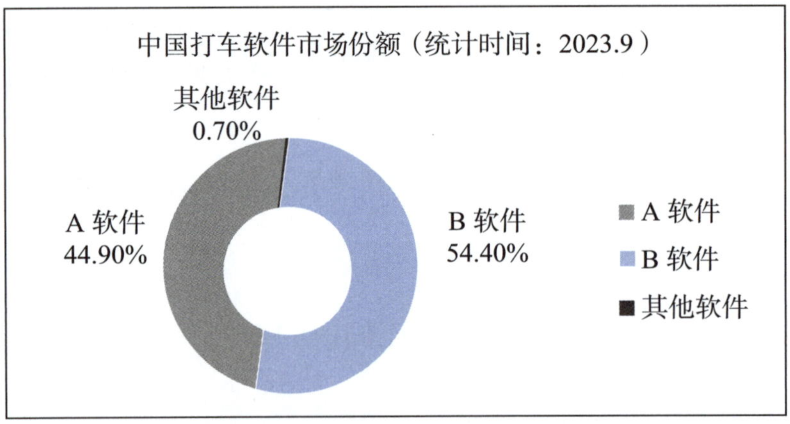

2. 衍生

3. 反馈

宾客意见表

菜品：☺好　😐一般　☹差

服务：☺好　😐一般　☹差

环境：☺好　😐一般　☹差

其他意见或建议：________________________

____

____

用餐台号：

日期：　　年　月　日

4. 隐患

第一车间的电线线路

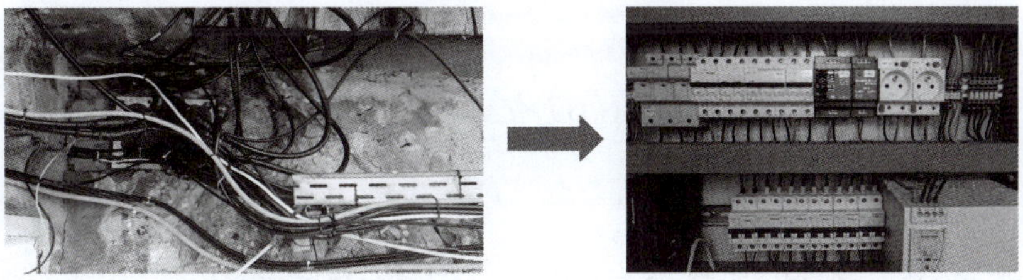

以前　　现在

五、找出下列句子的主干。

1. 在深圳科技园一家手机游戏公司实习的邓子倩每天是这么过的：……

   主干：________________________________

2.（邓子倩）清晨坐进预约好的嗒嗒巴士，在上班路上享受免费空调和片刻的宁静。

   主干：________________________________

3.（邓子倩）中午与同事拼单，在办公室等待在“美团外卖”下单的午餐。

   主干：________________________________

4. 其中更有10.65亿的手机网民，占所有上网人群的99.8%。

   主干：________________________________

5. 人们也注意到互联网蓬勃发展背后隐藏的风险。

   主干：________________________________

六、将下面的句子改写为口语体。（加点的部分必须替换为口语词语）

1. 如今，不少人正在走向“新常态”。

   ____

2.“互联网+”平台在中国正如雨后春笋般迅猛发展。

   ____

3.“互联网 +”意为“互联网 + 传统行业”。“互联网 + 商场”是诸如京东、淘宝这样的网上购物平台。

____

4. 截至 2022 年年底，中国网民数量已达 10.67 亿，网民渗透率增至 75.6%。

____

5. 要建立完善的防火墙系统，以防消费者的个人信息被不法分子利用。

____

七、根据课文回答下面的问题。

1. 根据题目，你认为课文的主要内容应该是什么？（　　）

A.“互联网 +”的含义

B.“互联网 +”的技术

C. 过去的生活状态

D. 新的生活状态

E.“互联网 +”对生活的影响

2. 邓子倩的生活怎么样？

____

____

3. 什么是“互联网 +”？

____

____

4. 概述“互联网 +”对生活产生了哪些影响。（每个影响不超过 10 个字）

____

____

八、读后分析。

找出课文每段的主题句，然后归纳课文的主要内容。

课文主要内容

4 能力训练

语言能力 利用标题，分析材料的主要内容

商业媒体提供的材料十分丰富，我们常常需要通过“速读”来了解材料所谈论的对象和话题。标题是内容的高度概括，通过阅读标题，我们可以初步判断材料的阅读价值。只要正确分析标题结构，抓住其中的核心词语，就可以迅速了解材料的话题、研究对象或作者的态度观点等关键信息。例如：如果标题是名词短语，中心词常常就是文章的话题；如果是句子，那么陈述句和疑问句的主语往往是文章的话题，疑问句的疑问词还能提示文章的内容范围；如果标题是祈使句，内容很可能是商业评论；“人名 / 组织机构：句子”这一类型的标题则表示主要内容是某人或某机构的某个观点。

标题结构	例 子
名词短语	“春雨医生”张锐的创业故事
陈述句	未来 5 年养老市场规模将破万亿 创业者瞄准大学生，踏入校园经济圈
疑问句	我们为何被外卖平台打败？（原因） “互联网 +”时代，企业究竟该如何生存？（方式）
祈使句	互联网企业必须对用户和社会负责！ 互联网企业不要争当首富！
人名 / 组织机构：句子	程美玮：外企需了解中国文化 商务部：前三季度消费市场亮点多，网购火爆

练习

一、根据结构，把以下标题归入下面的四个类别中。

A.《消费者的选择对“互联网 +”的发展有什么影响》

B.《互联网的优势不仅仅在于人口红利》

C.《互联网手机创业的生与死》

D.《农业步入“互联网 +”新时代》

E.《关于促进“互联网+医疗健康”发展的意见》

F.《企业如何通过互联网进行低成本营销》

G.《互联网创业必须遵守行业规范》

名词短语	陈述句	疑问句	祈使句

二、根据标题，推测文章内容。

A.《海外商家纷纷进驻阿里巴巴》

B.《雅虎第三季度净利 7600 万美元，同比下降 99%》

C.《马云：要搭建基于移动互联网的远程教育平台》

D.《凭什么说互联网专车会造成城市拥堵》

E.《国产电影别被高票房冲昏头脑》

F.《盛大网络创始人陈天桥的创业故事》

G.《神州专车与 E 代驾只合作未合并》

H.《卖多亏多，互联网电视路在何方》

I.《移动互联网的十年》

标题	关于什么	商业报道还是评论
A		
B		
C		
D		
E		
F		
G		
H		
I		

情景任务 读标题，选资料

角色： 你在一家商业咨询公司担任顾问。

情景： 为研究互联网行业的创业风险，你在各种媒体上找到了相关的资料。

要求：

1. 分析下列资料的标题结构，猜测它们的主要内容。
2. 从这些资料中选出值得进一步仔细阅读或观看的内容，并说明理由。

① 电视节目

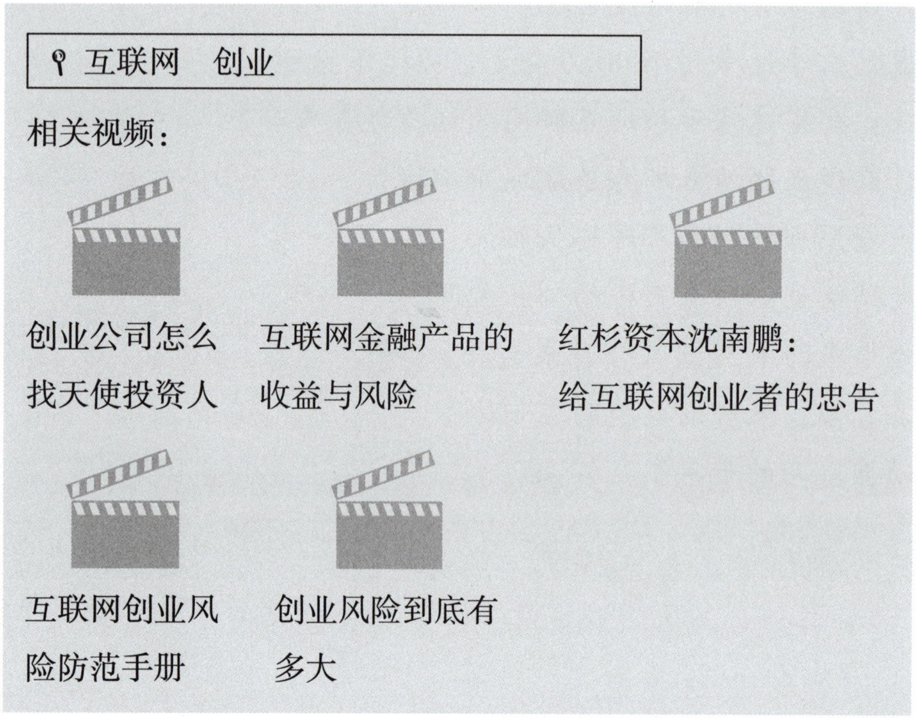

② 专业期刊

关键词	互联网　创业	检索

检索结果

□	文章 / 论文名称
□ 1	赵晓刚：互联网上小本创业能做什么?
□ 2	新一轮互联网创业浪潮的特点与趋势
□ 3	浅析“互联网 +”背景下大学生创业能力的培养
□ 4	基于互联网的创业问题研究
□ 5	哪些人创办了中国的互联网公司
□ 6	“互联网 +”时代的创业机遇与挑战

③ 财经杂志

目录　　第 2 期

第 4 课　“互联网 +”产品

1 热　身

听力理解

听后完成练习。 4-1

1. 从下面的图片中圈出你听到的“互联网 +”的例子。

2. 写出你听到的这些产业的名称。

互联网 + ________

互联网 + ________

互联网 + ________

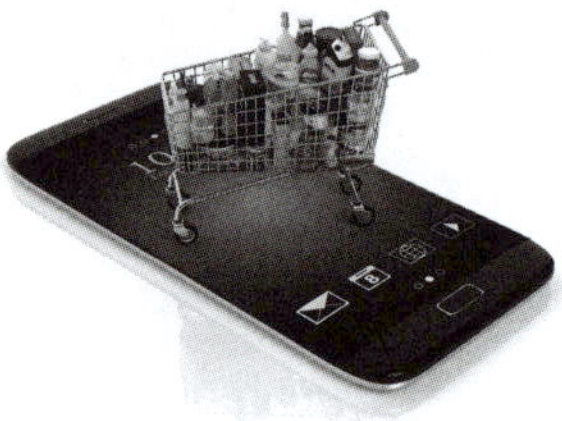

互联网 + ________

互联网 + ________

互联网 + ________

互联网 + ________

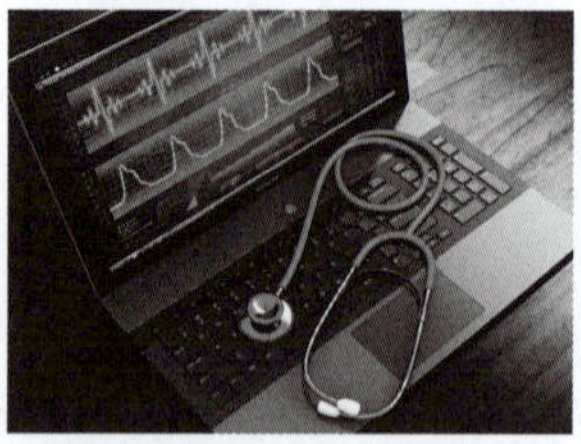

互联网 + ________

互联网 + ________

2 课 文

美的牵手小米共推智能空调 4-2

在空调行业生意惨淡的这个夏季，美的和小米日前联手推出的“i青春”智能空调，算是这个行业中的一抹亮色。

“i青春”智能空调内置小米 WiFi 和蓝牙，可实现空调联网，并与小米智能家庭、美居以及其他云平台交互。通过 APP 软件，实现空调的远程控制、电量管理、自动升级等操控。这款产品还可以实现与手机、小米手环、小米智能家庭套装等硬件设备的互联互通，甚至可通过可穿戴设备实时监测人体对环境温度的需求变化，将数据反向输送给空调，自动形成用户的温度曲线。

不光是美的和小米，传统的厂商都正在忙着嫁接互联网的基因，而互联网企业也正在寻觅实体经济的载体。“你情我愿”之下，“互联网 +”便成为双方联姻的最好纽带。

业内人士认为，依托小米在智能家居生态链构建、移动互联网应用等方面的领先优势与成功经验，以及美的在产业链、技术、物流、售后等方面的优势，传统企业与互联网企业在“互联网 +”领域的深度联合，将进一步促进双方的优势互补，提升家电行业的竞争力，逐步实现未来家电“物与物、物与人”互联、互通、互懂的真智能。

（改写自《美的牵手小米共推智能空调》，新华网，2015.7.26）

词语表 4-3

1. 惨淡	cǎndàn	形	凄凉；萧条；不景气。 近几年，传统门店的利润普遍下滑，生意惨淡。
2. 云平台	yún píngtái		一种基于“云”的服务，允许将程序放在“云”里运行，或者使用“云”里提供的通信、储存等服务。

3. 实时　shíshí　副　与某事发生、发展的实际时间同步（做某事）。

这种产品能实时监测人体的健康情况。

4. 嫁接　jiàjiē　动　把要繁殖的植物的枝或芽接到另一种植物体上，使它们结合在一起，成为一个独立生长的植株。

在互联网时代，传统商业嫁接互联网基因，与移动互联网新技术结合是未来的发展趋势。

5. 基因　jīyīn　名　生物体遗传的基本单位，存在于细胞的染色体上，呈线状排列。

互联网与金融“基因嫁接”将是长期趋势。

6. 寻觅　xúnmì　动　寻找。

近年来一些企业开始把眼光投向中国中西部，希望为自己寻觅到新的发展机会。

7. 实体经济　shítǐ jīngjì　指人创造的经济，包括农业、工业、交通通信业、商业服务业、建筑业、文化产业等物质生产和服务部门。

互联网产业的发展在更好地服务实体经济的同时，也给实体经济的发展提出了新的要求。

8. 载体　zàitǐ　名　泛指能够承载其他事物的事物。

数字经济已成为实体经济的载体。

9. 纽带　niǔdài　名　比喻能够起联系作用的人或事物。

中国铁路成为连接国内外市场的重要纽带。

10. 依托　yītuō　动　依靠。

民生银行依托社区网点多的优势，把金融知识送进众多社区。

11. 产业链　chǎnyèliàn　名　由原材料采购、加工、销售及售后服务等环节配套组成的产业整体。

当地政府通过财政扶持，大力发展绿色产业链，帮助群众脱贫致富。

12. 物流	wùliú	名	产品从供应地到接受地的流动转移。
	未来五年公司将投入1000亿元，用于建设全球物流网络。		
13. 售后	shòuhòu		销售之后。
	如果想要维修产品，最好通过公司官方的售后服务中心。		
14. 竞争力	jìngzhēnglì		竞争中显示出来的能力。
	据调查，陕西苹果竞争力提升是该省出口贸易增长的主要原因。		

专有名词

1. 美的	Měidì	中国的知名企业集团，以家电业为主，涉足物流等多个领域。
2. 小米	Xiǎomǐ	来自中国的一家移动互联网公司。
3. 美居	Měijū	美的集团推出的一款APP。
4. 小米手环	Xiǎomǐ Shǒuhuán	小米公司的一款可穿戴设备。

3 练 习

一、辨字组词。

载（　　）　纽（　　）　抹（　　）　托（　　）　优（　　）

截（　　）　扭（　　）　沫（　　）　拖（　　）　忧（　　）

栽（　　）　妞（　　）　末（　　）

二、将下面的词语与对应的意思连起来。

实体经济	与手机短信业务相关的市场
网络经济	以传统产业经济为基础、以经济与环境的和谐为目的而发展起来的一种经济产业
拇指经济	由于金融投机造成的社会经济虚假繁荣现象，这种情况会导致社会震荡，甚至经济崩溃
体验经济	以计算机网络技术、现代信息技术为核心的经济领域
泡沫经济	与金融相对的经济领域
绿色经济	企业由原来的为消费者提供货品、制造商品的商业模式发展到为消费者提供服务，最终与消费者实现共同体验的商业模式

语言知识

～经济

"～经济"常用来表示经济的形态特点、分支领域、经济现象等。

表示经济形态，例如：原始经济、自然经济、商品经济、产品经济。

表示经济分支，例如：农业经济、工业经济、旅游经济、网络经济、实体经济。

表示经济领域，例如：知识经济、宠物经济、她经济（女性经济）、眼球经济、拇指经济。

还有用比喻的方式说明某种经济现象的，例如：泡沫经济、牧童经济。

三、选择恰当的词语，完成下面的句子。（注意与加点词语的搭配）

惨淡　实时　产业链　实体经济

售后　寻觅　竞争力　物流

1. 大型________公司将快递收归分拨中心时，会有安检机对快递进行检查。
2. ________和互联网经济不应该互相排斥，应该互相借鉴，互相融合。
3. 在汽车行业中，无论是售前还是________，经销商都占据主要地位。
4. 记者发现，多家校园书店生意________，举步维艰。
5. 中心城区停车场查询 APP 已上线，车主可以________查询空余的停车位。
6. 在制造业的整个________中，“产品设计、原料采购、仓储、运输、批发以及终端销售”这六大环节能创造的价值是90%，而“生产”这个环节的利润是比较少的。
7. 越来越多的企业把眼光投向西部地区，希望在那里________到更多的发展机会。
8. 这家网站最近成立了用户体验部，以用户为核心，提升品牌________。

四、用指定的词语描述图片或图表。

1. 实时、竞争力

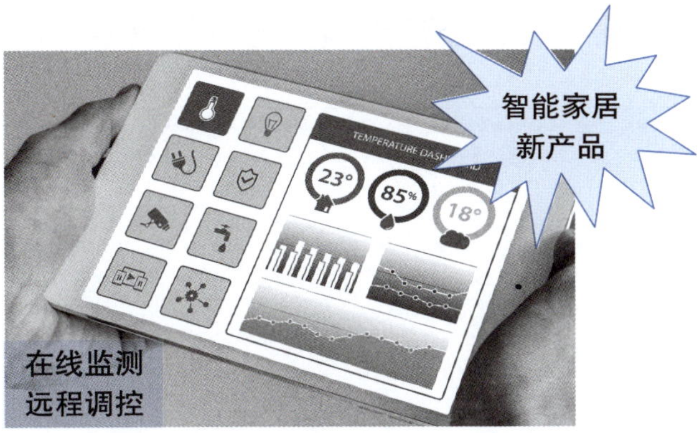

2. 纽带

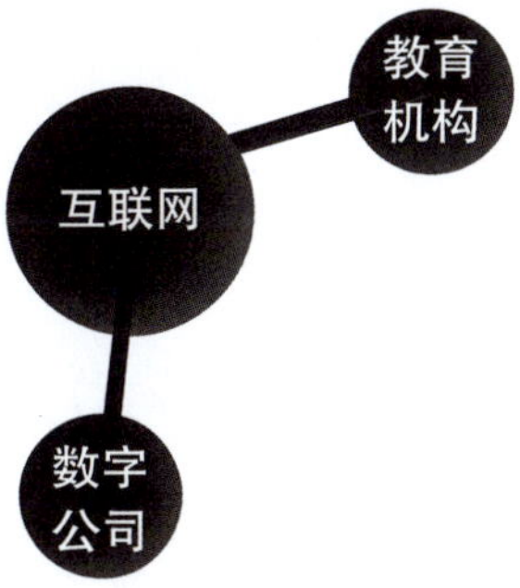

3. 实体经济、依托

4. 产业链

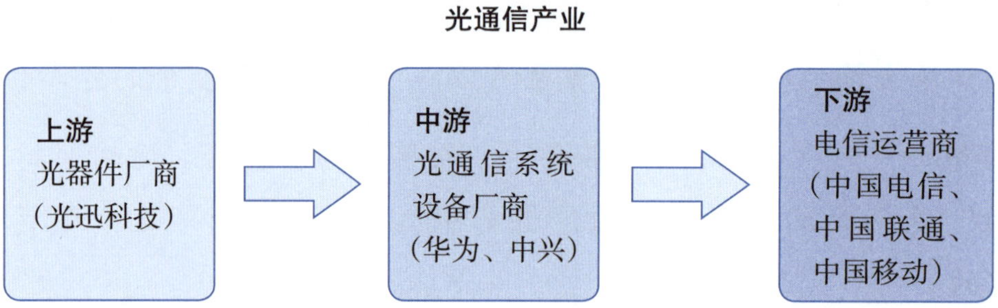

五、找出下列句子的主干。

1. 在空调行业生意惨淡的这个夏季，美的和小米日前联手推出的“i青春”智能空调，算是这个行业中的一抹亮色。

   主干：________________________________

2. 这款产品还可以实现与手机、小米手环、小米智能家庭套装等硬件设备的互联互通，甚至可通过可穿戴设备实时监测人体对环境温度的需求变化。

   主干：________________________________

3. 依托小米在智能家居生态链构建、移动互联网应用等方面的领先优势与成功经验，以及美的在产业链、技术、物流、售后等方面的优势，传统企业与互联网企业在“互联网＋”领域的深度联合，将进一步促进双方的优势互补，提升家电行业的竞争力，逐步实现未来家电“物与物、物与人”互联、互通、互懂的真智能。

主干：____

六、将下面的句子改写为口语体。（加点的部分必须替换为口语词语）

1. 美的和小米日前联手推出的“i 青春”智能空调，算是这个行业中的一抹亮色。

____

2. “i 青春”智能空调内置小米 WiFi 和蓝牙。

____

3. 互联网企业也正在寻觅实体经济的载体。

____

4. “你情我愿”之下，“互联网＋”便成为双方联姻的最好纽带。

____

5. 传统企业与互联网企业在“互联网＋”领域的深度联合，将进一步促进双方的优势互补，提升家电行业的竞争力。

____

七、根据课文回答下面的问题。

1. 空调行业情况如何？第一段中的“一抹亮色”指的是什么？

____

____

2. “i 青春”智能空调的特点是什么？

____

____

3. 美的和小米通过什么实现了合作？

____

____

4. 小米和美的各有哪些优势？

____

____

5. 传统企业与互联网企业合作有哪些好处？（每个好处不超过 10 个字）

____

____

八、读后分析。

找出课文各段的主题句，把句子主干或关键词语写在下面，然后试着归纳课文的主要内容。

第一段

第二段

第三段

第四段

4 能力训练

语言能力　利用主题句，了解材料的主要内容

利用主题句可以快速抓取每一段的主要内容和关键信息。一般来说，主题句的位置有三种情况：

- 最常出现的位置是每段话的开头，特别是在经济新闻、产品说明、企业介绍、商业评论、专业论文中。

> **本报杭州今日电**（记者　曹锋）随着政府在全国推广公共服务数字化，浙江省杭州市成为这一政策实施的前沿阵地。9 月 19 日，据杭州政府有关负责人介绍，数字化正在驱动这座城市和电子政务建设的创新能力，当地政府将继续深化“互联网 + 公共服务”。……

- 一段话的段尾也是主题句常出现的位置，一般是总结和归纳的语句。

> ……大幅提高税收会严重抑制经济增长；大量发行国债最后会导致债务危机；发彩票来筹资只是杯水车薪……相对于其他办法来说，提高退休年龄是较为可行的方案之一。

- 主题句也会出现在一段话的中间，起承上启下的作用。

> ……两个年轻人在宿舍中创建了 Facebook，但是在宿舍中是无法在太空领域做出什么巨大成果的，因为入场费太过昂贵。
>
> 而这却是“蓝色起源”能够做到的事情。蓝色起源是一家私人航天服务公司，主要生产低成本的太空设施，如可回收火箭。创始人贝佐斯想要把公司打造成一个太空旅行领域的 UPS 或者 FedEx，并已为此投入了巨大的资金。

加油站有时会推出降价优惠活动，这是不是意味着油的品质降低了？在加油站工作多年的老王解释说，私营的加油站运营成本低，常常用降价的手段吸引顾客，国营油企为了保住自己的市场份额，也只能推出相应的优惠活动。国营油企由于运营成本较高，尤其是税收成本几乎占据利润的一半，因此通过长期价格战来与私营油企竞争的可能性不大，只能间隔性地推出优惠活动。总之，并不是因为油的质量不好而采取降价的策略。另外，国营油企也希望延缓新能源车辆占领市场的速度。于是，各种优惠活动成了一个不是办法的办法。

如果遇到主题句不明显的情况，就要根据标题、上下文以及一些重复出现的关键词语归纳主要内容。

另外，专业论文的“摘要”、新闻的“导语”是对主要内容和观点的概括和提示，还有一些商务文书的固定格式、行文规范也具有一定的导读作用，有助于读者抓取主要信息。

练习

找出下面各段话的主题句，归纳主要内容。

据国外媒体报道，未来俄罗斯的 Wikimart 和 INCITY 电商平台的商家将加入阿里巴巴速卖通平台。此举可以帮助阿里巴巴进一步推动全球市场的销售。速卖通将允许俄罗斯的零售商在其平台上出售商品，这些商家同样可以参加“双 11”的促销活动。

北京时间 10 月 21 日消息，雅虎公布了截至 9 月 30 日的第三季度财报。财报显示，雅虎第三季营收为 12.26 亿美元，较去年同期的 11.48 亿美元增长 7%，净利润为 7600 万美元，较去年同期的 67.74 亿美元下降 99%。需要注意的是，雅虎去年同期净利润包括了出售阿里巴巴集团股票所得的 63 亿美元。

互联网专车的出现会导致不必要的行驶和拥堵吗？简单来看，确实如此。因为这些所谓的专车大多是可以趴在停车场不出来的，只是因为有人约车才上路，等于是人为地增加了上路行驶的车辆，特别是在拥堵高峰期，这几乎就是在“造堵”。但我们也要看到，因为大多数互联网专车并不进行道路巡航扫街，而是接到附近的订单之后才会通过最短的距离接上乘客，从而在最大程度上避免由空驶带来的无价值的道路占用。所以，互联网专车提高道路利用率的作用还是非常大的。

今年以来，中国电影票房一直处于持续上升的态势。第一季度就超过了96亿元，上半年过后已经突破了200亿元。截至9月7日中午12时，今年全国城市影院总票房已突破300亿元，比去年同期增加46.78%，其中国产片占比60.6%。

表面上看，盛大集团这些年已没有当年风光，但公司实际现金持有量已逼近40亿～50亿美元，位列中国互联网公司前三，实力仍在不断积蓄。有意义的是，在雄厚的资金支持下，盛大大胆投资，一批互联网先锋企业在盛大的扶持下茁壮成长。如今，年轻一代耳熟能详的格瓦拉、墨迹天气、虾米音乐、暴走漫画等企业都来自盛大的投资和培育。

互联网电视的价格可谓一低再低，有用户甚至感慨“像白送一样”。今年8月，第五届中国家电网购高峰论坛公布的数据显示，最近3年内电视机平均尺寸分别提高到37英寸、40英寸、42英寸，而单价分别为3479元、3576元、3456元。

情景任务 速读资料，查找主题句

角色：你在一家商业咨询公司担任顾问。

情景：为了解互联网行业的竞争情况，你找到了下面的资料。

要求：

1. 快速阅读下面的文章，记录时间。
2. 找出文章第 1、3、5、6 段的主题句，分析主题句的位置。
3. 根据主题句和关键词语，归纳文章的主要内容。

淘宝和 eBay 的竞争是全世界媒体最喜欢的“以弱胜强”的故事。马云使用了另外一种表达：“eBay 是海里的一条鲨鱼，可我是扬子江里的鳄鱼，如果我们在海里交战，我会输；但如果我们在江里对峙，我稳赢。”这个比喻今天互联网界已经耳熟能详，而“扬子江的鳄鱼”这个说法，也成为《经济学人》的报道和一部纪录片的标题。

淘宝和 eBay 之间的三年战争，每个重要的节点都被放在了媒体之上。双方也都大规模地利用媒体传递自己的声音。

eBay 当时的 CEO 梅格·惠特曼曾放言，竞争将会在 18 个月内结束。但她弄错了，这场战争持续了三年；她还弄错了，胜利者是淘宝。而马云也乐意增强 eBay“恃强凌弱”的公众印象。媒体广泛引用了他的一句话：“打拳碰到泰森，你可能会认为很倒霉。其实，能够找到世界一流的对手，那是一辈子的幸运。我觉得淘宝能够向 eBay 学习，那是一种福气。”

eBay 同新浪、搜狐、网易、TOM 等门户网站达成独家广告协议，使淘宝无法在门户网站上投放广告。马云选择中小网站和“站长联盟”投放广告，这是马云“蚂蚁雄兵”战略的开始。eBay 在 CCTV 等电视台投放广告，马云又选择了在电影里植入广告，在地铁、公交车上投放广告。

eBay 还宣布对其中国公司追加投资 1 亿美元。然而，就在 eBay 公布第三季度财报的同一天，阿里巴巴宣布对淘宝追加投资 10 亿。当然，钱的竞争不是最主要的，杀伤性武器是接下来马云宣布淘宝继续免费三年。

而 eBay 只是回应："免费不是一种商业模式，淘宝网宣布在未来三年内不对其产品收费，充分说明了 eBay 在中国的强劲态势。"在纪录片《扬子江的鳄鱼》中可以看到，马云在办公室里听到 eBay 的回应之后哈哈大笑："什么？他们真这么说的？'免费不是一种商业模式'？"

淘宝凭借"蚂蚁雄兵"、免费策略，并利用华尔街对 eBay 的压力，展现出了强大的竞争力。这一战就是淘宝最好的公关手段，英文与中文的主流商业媒体全都参与报道了淘宝与 eBay 在中国市场的竞争。"扬子江的鳄鱼"一战成名。

（《穿布鞋的马云》，王利芬、李翔，北京联合出版公司，2014 年）

5 扩展阅读

1. 速读，归纳下面各段的主要内容，然后把它们按顺序排列起来。

   顺序：______________________________

2. 精读，理解下面各段的具体信息。检查自己的排序是否正确。

A 扎克伯格在演讲开头便给出了自己在2004年创建“脸谱”的原因——“在网上和人连接”。他说：“那时候，互联网上有很多网站，你差不多可以找到所有的东西：新闻、音乐、书、电影。可是没有服务可以帮我们找到生活中最重要的东西：人。我想把人们联系在一起。当我看到中国的公司，像阿里巴巴和小米，我看到了一样的故事。”

B 报道称，就在24日下午的活动结束后不久，扎克伯格在他的脸书页面上写道：“我刚刚在清华大学做了第一次汉语演讲，演讲的内容是你为何需要一份去改变世界的强烈使命感。”

C 当扎克伯格引用中国谚语“只要功夫深，铁杵磨成针”来表明一个人能通过不懈努力改变世界的观点时，听众对他报以长时间的掌声。他们都注意到，当马克·扎克伯格第一次使用其他语言分享自己是如何开始思考他创立的脸谱网站的使命时，他选择了汉语。

D 据美国《华尔街日报》网站10月25日报道，一年前，扎克伯格用普通话与中国大学生进行过交流。一年后的今天，他又回到了清华大学，做了22分钟的全汉语演讲。

（改写自参考消息网，2015.10.27；相关视频：扎克伯格全中文演讲）

团队任务

任务说明

通过“互联网＋”的故事，说明互联网对传统行业的影响。

任务要求

1. 确定一个行业，从中选出两个及以上提供同类产品或服务的公司。
2. 从不同媒体中进行检索，查找这些公司利用互联网实现新发展的资料、信息。
3. 结合所搜集的资料，研究企业如何成功地利用互联网：
   - 利用方式：新产品、网上销售及营销、新的商业模式……
   - 成功的标志：上市、市场占有率、销量……
4. 总结互联网对这个行业的影响（创造新产品 / 销售渠道 / 营销方式、商业模式……）。

任务步骤

步骤	内容
分组	组成小组，确定组长、时间安排及分工等内容
查找资料	选择一个传统行业 选择两个及以上提供同类产品 / 服务的企业 检索不同媒体，找到关于这些企业利用互联网的资料
阅读资料	快速阅读资料 记录这些企业利用互联网的方式、结果
分析资料	向组员简要说明资料的内容 讨论总结企业利用互联网的方式和结果
口头 / 书面报告	说明研究对象（行业、企业） 介绍企业在哪些方面利用了互联网 总结互联网对行业的影响 展示资料出处

第三单元　房地产经济

下面的图片反映的是哪个行业的情况？这个行业在国民经济中的地位如何？

房地产是房产和地产的总称，也称“不动产”。房地产业是指从事土地和房地产开发、经营、管理和服务的行业，是很多国家经济的重要组成部分。

你关心房价的变动吗？你关注过这个行业的各种数据和信息吗？你们国家的“有形之手”如何调控房地产市场？

利用表格，可以很快地组织和整理数据和信息，有助于发现其中的规律和各种关系。在本单元，我们将以房地产市场为切入点，围绕这一能力展开学习与训练。

能力项目	利用表格，有效地组织整理商业信息
商务词语	描述商业数据变化的常用词语、~税
专业知识	同比、环比的概念，楼市的调控措施
背景知识	中国房地产政策回顾

第 5 课　房地产市场行情

1 热　身

听力理解

听后填空 5-1

政府举办了一个新闻发布会。请根据发言人的话，将记者的笔记填写完整。

• 前三季度房地产市场总体____________________

• 投资开发增速回落，房价稳中有降

供	求
• 开发投资 51046 亿元，同比增长 2.6%，增速比______回落 1.2%，比______同期回落 16.6%	• 商品房销售额 40354 亿元，________2.7%，增速比上年同期________20.5%
• 房屋新开工________135014 万 m^2，同比下降 8.6%，降幅比上半年______1.5%	• 商品房________面积 68441 万 m^2，同比下降 4%，降幅比上半年________6%

9 月份 70 个城市新建商品住宅的价格变化趋势（相较于 8 月份）

变化趋势	城市数量	变化幅度
环比下降	__________个	+4
环比上涨	31 个	__________
__________	15 个	+1

思考：为什么记者用表格记录，而不是写下完整的句子？

2 课　文

对前三季度房地产市场数据的解读 5-2

前三季度，全国商品房销售面积为 82908 万平方米，同比增长 7.5%；销售额为 56745 亿元，同比增长 15.3%，与 1—8 月持平。其中，住宅销售面积为 73189 万平方米，同比增长 8.2%，较 1—8 月扩大 0.2 个百分点，销售额为 47898 亿元，同比增长 18.2%，较 1—8 月收窄 0.5 个百分点；办公楼销售面积同比增长 11.4%，销售额同比增长 18.7%；商业营业用房销售面积同比增长 1.8%，销售额同比下降 1.7%。前三季度，全国商品房销售持续回暖，但随着前一轮需求逐步得到释放，商品房销售面积、销售额同比增速趋缓，“金九”表现略显平淡。

房地产开发投资同比增速继续回落，回落幅度较 1—8 月略有扩大。前三季度，全国房地产开发投资额达 70535 亿元，同比增长 2.6%，增速较 1—8 月回落 0.9 个百分点，为连续第 19 个月回落。其中，住宅开发投资额为 47505 亿元，同比增长 1.7%，增幅较 1—8 月收窄 0.6 个百分点，占房地产开发投资的比重为 67.3%，与 1—8 月持平。短期来看，全国市场仍以去库存为主，房地产开发投资增速依然存在下行压力；中期来看，1—9 月全国房屋新开工面积同比降幅收窄，显现出后续房地产开发投资增长的积极信号。

今年 1—9 月，全国商品房和住宅销售均价分别为 6844 元 / 平方米和 6544 元 / 平方米，同比分别上涨 7.2% 和 9.3%，涨幅较 1—8 月分别收窄 0.4 和 0.6 个百分点。根据中国房地产指数，9 月全国 100 个城市新建住宅平均价格为 10817 元 / 平方米，环比上涨 0.28%，涨幅较上月收窄 0.67 个百分点；同比来看，较去年同期上涨 1.36%，涨幅较上月扩大 1.21 个百分点。总的来看，商品房销售均价同比涨幅收窄，百城住宅均价同比、环比继续上涨。

（改写自《2015 年 1—9 月全国房地产开发经营数据解读》，中国指数研究院网站）

词语表

5-3

1. 解读	jiědú	动	理解；体会。
	昨日，该中心再次对新规进行了细化解读。		
2. 同比	tóngbǐ	动	跟以往同一时期相比，多指跟上一年同一时期相比。
	我们集团前年总营收约为人民币5.41亿元，去年总营收达人民币6.58亿元，同比增长约21.7%。		
3. 销售额	xiāoshòu'é		销售货物的全部价款。
	10—15日，在为期六天的购物狂欢节中，该公司线上线下全渠道的销售额为82亿元。		
4. 持平	chípíng	动	（与相对比的数量）保持相等。
	华兴资本今日在香港交易所上市，开盘价31.8港元，与31.8港元的发行价持平。		
5. 百分点	bǎifēndiǎn	名	以百分数的形式表示的不同时期相对指标变动幅度，百分之一为一个百分点。
	1—2月，全市完成固定资产投资78.1亿元，同比增长15.7%，高于全省增幅3.6个百分点。		
6. 收窄	shōuzhǎi	动	紧缩；降低。
	2日恒生指数暴跌2.38%，3日跌幅收窄2.25个百分点，但今日再度暴跌1.73%。		
7. 回暖	huínuǎn	动	天气由冷转暖，比喻事物又开始往好的方面发展。
	去年意大利陶瓷行业均延续了往年的利好势头，整体情况持续回暖，终于恢复到危机前的水平。		
8. 释放	shìfàng	动	把所含的物质或能量放出来。
	从行业整体的发展情况看，煤炭需求还没有完全得到释放。		
9. 增速	zēngsù	动	增加速度。
	过去40年，人民币存款增速基本都是两位数，而今年上半年仅增长8.4%，增速明显下降。		

10. 回落	huíluò	动	（水位、物价等）上涨后又往下降。	
	与去年相比，该品牌的汽车销量回落 1.1%。			
11. 幅度	fúdù	名	泛指事物变动的大小。	
	公司今年亏损 30 万元，去年同期亏损 27 万元，亏损幅度扩大。			
12. 投资额	tóuzī'é		投入资金的额度。	
	我市今年新增 10 个旅游投资项目，总投资额达 32.5 亿元。			
13. 增幅	zēngfú	名	增长的幅度。	
	移动互联网用户规模增幅继续收窄，上半年仅增长 2000 万人。			
14. 库存	kùcún	名	指库中现存的现金或物资。	
	近期，各大纸厂纷纷停机或限产，去库存意向明显。			
15. 降幅	jiàngfú	名	（价格、利润、收入等）降低的幅度。	
	11 月网络电影播放量维持下降趋势，但降幅缩小。			
16. 信号	xìnhào	名	某现象、事情即将出现的预兆。	
	上证指数本周突然上涨 115 点，因为出现了一些积极信号，其中的最强音便是减税。			
17. 涨幅	zhǎngfú	名	（水位、价格等）上涨的幅度。	
	业内人士告诉记者，调控政策出台后，上海和深圳两地的房价涨幅约为 5% ～ 10%。			
18. 环比	huánbǐ	动	现在的统计周期与上一个统计周期相比。	
	数据显示，今年 2 月新能源乘用车销售 1.65 万辆，环比增长 205%。			

专有名词

1.	金九	Jīn Jiǔ	房地产行业所谓的“金九银十”，指九月和十月。这两个月的交易量常常会明显高于其他月份，这个现象被称为“金九银十”。“金九”指的是九月。
2.	中国房地产指数	Zhōngguó Fáng-Dìchǎn Zhǐshù	一套价格指数，主要反映中国各主要城市房地产市场运行状况和发展趋势。

3 练 习

一、辨字组词。

缓（　　）　增（　　）　幅（　　）
暖（　　）　赠（　　）　辐（　　）
援（　　）　憎（　　）　福（　　）

营（　　）　资（　　）　销（　　）
管（　　）　咨（　　）　稍（　　）

二、下面的词语用来说明变化的什么情况？请将其写在相应的文本框中。

增长	上涨	下降	回落	持平	涨幅
增速	幅度	小幅	收窄	扩大	增幅

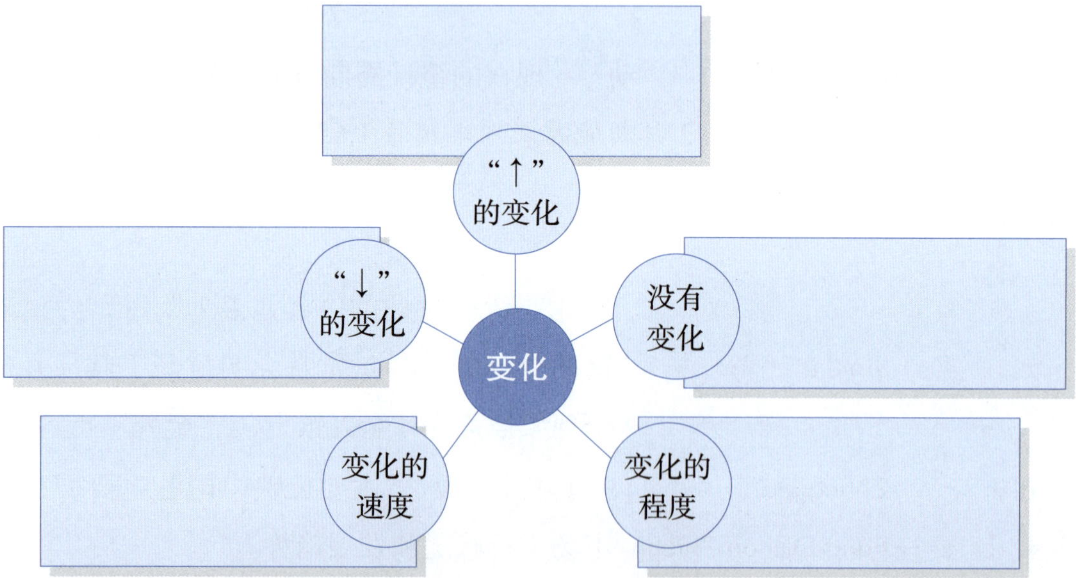

语言知识

描述商业数据变化的常用词语

比较两个时期的数据，可以了解变化的方向、程度、速度。“同比”和“环比”是常用来限制所对比的时期的两个词语：

对比的时期	词语	例子
与去年的同一时期相比	同比	同比增长 7.5%
与上一个统计周期（日、周、月、年）相比	环比	环比上涨 0.28%

说明数据的具体变化，常用的词语如下：

表示“没有变化”：保持不变、保持稳定

表示“↑”的变化：增加、上升、提高

表示“↓”的变化：减少、下跌、下滑

表示变化的速度：增速、减速、加速

表示变化的程度：幅度、增幅、涨幅、降幅、减幅、大幅、小幅

三、选择恰当的词语，完成下面的句子。（注意与加点词语的搭配）

同比	百分点	环比	库存	持平
回暖	释放	投资额	回落	幅度

1. 综合各方面因素，预计明年我国出口规模将与今年基本________。
2. 今年三季度公司净利润比上年同期增加 17859 万元，________增长 251%。
3. 昨日股市早盘中，沪指一度冲击 3600 点，午后________至 3500 点。
4. 今年的“银十”，楼市的成交量较 9 月有较大________的下降。
5. 由于存货不足以支撑“双 11”及之后的销售，公司总部调集了所有美国门店及仓库的可用________，花费数百万从美国直接空运至中国。
6. 我市本月住宅共成交 2292 套，比上个月增加 399 套，________上涨 21.1%。
7. 全市完成房地产开发投资 1326.32 亿元，较上年同期提高 8.6 个________。

8. 据了解，欧盟目前在我市投资企业1116家，________达29亿美元。

9. 虽然三季度销售________，但公司并没有摆脱亏损。

10. 采取持续的楼市宽松政策，会刺激房地产需求加速________。

四、用指定的词语描述图片或图表。

1. 同比、环比、百分点

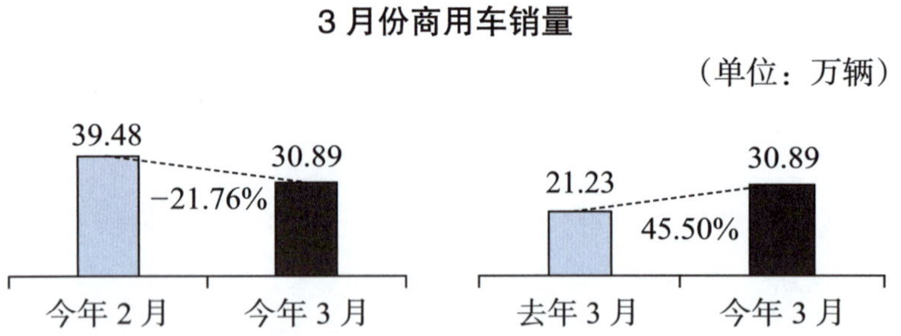

2. 销售额、增幅、增速

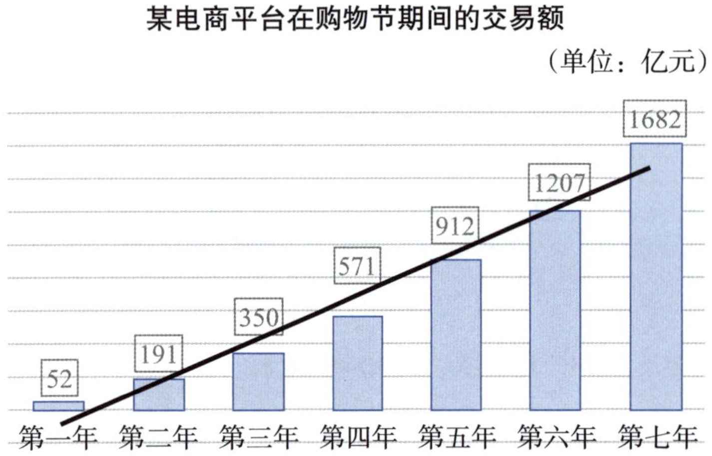

3. 库存、释放

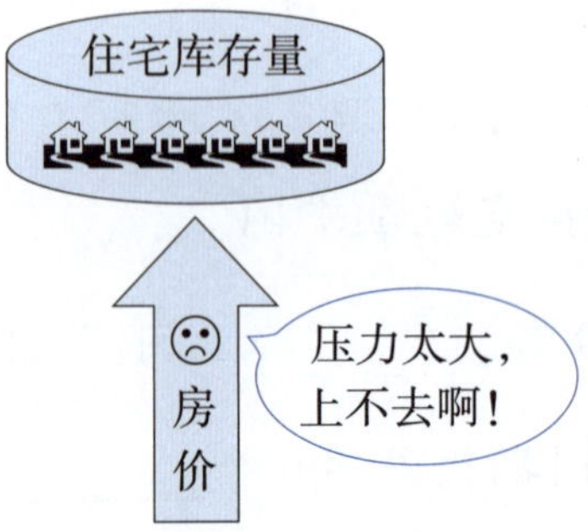

五、找出下列句子的主干。

1. 随着前一轮需求逐步得到释放，商品房销售面积、销售额同比增速趋缓。

主干：______________________________

2. 房地产开发投资同比增速继续回落。

主干：______________________________

3. 住宅开发投资额增幅较1—8月收窄0.6个百分点，占房地产开发投资的比重为67.3%，与1—8月持平。

主干：______________________________

4. 1—9月全国房屋新开工面积同比降幅收窄，显现出后续房地产开发投资增长的积极信号。

主干：______________________________

5. 百城住宅均价同比、环比继续上涨。

主干：______________________________

六、将下面的句子改写为口语体。（加点的部分必须替换为口语词语）

1. 销售额为47898亿元，同比增长18.2%，较1—8月收窄0.5个百分点。

____

2. 商品房销售面积、销售额同比增速趋缓，"金九"表现略显平淡。

____

3. 回落幅度较1—8月略有扩大。

____

4. 短期来看，全国市场仍以去库存为主。

____

5. 房地产开发投资增速依然存在下行压力。

____

七、根据课文回答下面的问题。

1. 速读课文，找出每段话的主题句。

____

____

2. 课文介绍了什么市场的哪些情况？

____

____

3. 哪几段话分别介绍供应、需求、价格方面的情况？

____

____

4. 需求、供应、价格方面的具体情况如何？

____

____

八、读后分析。

1. 根据第一段，填写表格。

前三季度全国房地产市场销售情况

房屋类型	面积			销售额		
	绝对数（万平方米）	同比	比 1—8 月	绝对数（亿元）	同比	比 1—8 月
商业营业用房						
住宅						
办公楼						
商品房总计						

2. 根据第二段，填写表格。

前三季度房地产开发投资情况表

	70535	增长 2.6%	回落 0.9%
	47505	增长 1.7%	收窄 0.6%

3. 根据第三段，用表格说明前三季度商品房和住宅销售价格的情况。

4 能力训练

语言能力　利用表格，有效地组织和整理数据

利用表格的纵横结构，可以更简洁直观地呈现数据与相关信息的对应关系，从而快速理解数据的含义，把握段落或文章的主要内容。设计表格结构是关键的一步，首先要确定表格的项目。以处理数据为例，可以根据主题句、关键词语或者反复出现的词句，初步找出数据所对应的项目，然后根据这些项目的关系确定它们在表格中的排列方式。

<table>
<tr><th>关系</th><th>项目</th><th>例子</th></tr>
<tr><td>层级</td><td>整体、部分</td><td><table><tr><th colspan="2">房屋类型</th><th>面积</th></tr><tr><td rowspan="3">商品房</td><td>住宅</td><td></td></tr><tr><td>办公楼</td><td></td></tr><tr><td>商业营业用房</td><td></td></tr></table></td></tr>
<tr><td rowspan="3">并列</td><td>时间</td><td><table><tr><th>时间</th><th>库存</th></tr><tr><td>1 月</td><td></td></tr><tr><td>2 月</td><td></td></tr><tr><td>3 月</td><td></td></tr></table></td></tr>
<tr><td>对比</td><td><table><tr><th>类别</th><th>旺季</th><th>淡季</th></tr><tr><td>销售量</td><td></td><td></td></tr><tr><td>销售额</td><td></td><td></td></tr></table></td></tr>
<tr><td>相关</td><td><table><tr><th>房屋类型</th><th>销售面积</th><th>销售额</th></tr><tr><td>住宅</td><td></td><td></td></tr><tr><td>办公楼</td><td></td><td></td></tr></table></td></tr>
</table>

阅读理解

用表格分别归纳下面几段话的主要内容。

分区域来看，1～9月，东部地区商品房销售面积为39462万平方米，同比增长9.9%；商品房销售额34586亿元，同比增长21.7%。中部地区商品房销售面积为21996万平方米，同比增长6.3%；商品房销售额11233亿元，同比增长8.7%。西部地区商品房销售面积为21450万平方米，同比增长4.5%；商品房销售额10925亿元，同比增长4.3%。

分区域来看，今年1～9月，东部地区房地产开发投资额为39865亿元，同比增长2.9%，较1～8月收窄0.8个百分点；占全国比重达56.5%。中部地区房地产开发投资额同比增长2.3%，较1～8月收窄1.2个百分点；占全国比重为21.1%，在各区域中占比最小。西部地区房地产开发投资同比增长2.1%，在各区域中同比增速最低，增速回落1.2个百分点，占全国比重为22.4%。

今年6月，全国30个重点城市新建商品住宅成交面积为1509万平方米，创5年来同期新低，环比下降9%，同比下降25%。

分能级来看，一线城市韧性略好于二、三线。今年6月一线城市新建商品住宅预计成交245万平方米，环比微降3%，同比下降11%，跌幅显著低于二、三线城市。上半年，一线城市新建商品住宅成交累计同比仍增长20%。

价格方面，据中指院监测数据，今年6月全国100个城市新建商品住宅平均价格为16179元/平方米，环比下跌0.01%。

今年6月，二手房成交规模也保持了回落态势。数据显示，今年6月，全国17个重点城市二手房成交面积预计为630万平方米，环比再跌21%，跌幅较上月进一步加大，同比也转入负增长区间，下跌5%。

情景任务　速读资料，解读房地产市场

角色： 你在一家房地产公司的市场研究部工作，是某电视台经济频道的特邀嘉宾。

情景： 你准备在电视节目中展示上个季度房地产市场的数据，并简要解读市场行情。

要求：

1. 选择一个城市作为调查对象。
2. 找到该城市的房地产市场在某段时间内的市场数据（包括供应、需求、价格等），并整理成表格。

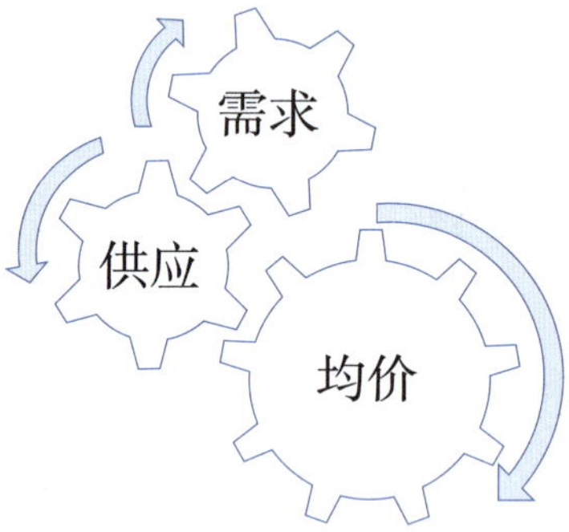

3. 分析这个时间段内的市场行情。
   - 供求情况：□供不应求　□供过于求　□供求平衡
   - 均价走势：□上涨　□下跌　□持平
4. 提交 200 ～ 300 字的书面报告，或进行 2 分钟左右的口头报告。

第 6 课　对楼市的宏观调控

1 热　身

头脑风暴

有三个城市的楼市分别出现了以下三种情况。如果要改变这些情况，你认为政府可以采取哪些措施？

情况 A 

房价暴涨

情况 B 

房价居高不下

情况 C 

市场泡沫过多

2 课 文

各国的“有形之手”如何调控房价？ 6-1

调控房价不仅是为了保持房地产市场本身的健康发展，也是为了保障和改善民生，保持国家经济的可持续发展。因此，世界各国对这个问题都相当重视。

在新加坡，民用住宅主要由“政府组屋”和“商品房”两部分组成。其中，政府组屋由政府投资修建，价格也由政府统一规定，低价出售或出租给中低收入阶层使用。商品房包括高级公寓和私人住宅，主要由私人投资修建，按市场价格出售。新加坡长期坚持以政府分配为主、市场出售为辅的原则，既解决了大部分国民的住房问题，也有效地平抑了房价。

法国房价的增速放缓也是政府的调控政策在发挥所用。在遏制房价快速上涨的各种政策中，大力推行廉租房是最为有效的措施之一。廉租房的房租比普通私人住房的房租低一半左右，降低了市场上对住房的需求。由于房地产价格受供求关系影响较大，可以说廉租房制度在一定程度上起到了稳定房价的作用。政府还通过各种福利政策鼓励租房，并对房产所有者征收重税，以免投机者扰乱房地产市场。另外，法国央行也通过提高利率的方式来遏制房贷规模的扩大。

英国向来重视政府对住房市场的调控，政府对于房产交易征税的款项让人眼花缭乱。房屋交易要交印花税，如果交易或者赠予的房产增值，还要交增值税。如果房屋空置，房主还要承担市政税。此外，还有遗产税、出租房产的收入所得税等等。为防止房地产过热给经济发展带来风险，英国政府和中央银行还从两方面为房地产降温。一是通过提高利率增加借贷成本，来抑制购房出租和首次置业人士的入市热情。二是在政策上支持新房源入市，以缓解供求矛盾。比如政府一方面建立投资基金，鼓励房地产开发；另一方面拿出更多公共土地用于新房建设，并对废旧建筑的改造、拆除给予政策扶持。在这些措施的作用下，英国房地产市场开始降温。

（改写自新华网·新华房产特稿，2007.5.28；中国房地产金融 2012 年度报告，《中国房地产金融》，2012 年第 6 期）

词语表

6-2

1. 调控　tiáokòng　动　调节控制。

贷款利率与房价关系密切，是政府调控房价的重要手段之一。

2. 出售　chūshòu　动　卖。

为了筹集资金，他计划将自己的一处房产低价出售。

3. 平抑　píngyì　动　抑制使稳定。

征收房地产税对平抑房价能起到一定的作用。

4. 遏制　èzhì　动　制止；控制。

遏制房价过快上涨，不是为了消灭这个市场，而是为了更好地满足各个消费层次的居民们的合理需求。

5. 廉租房　liánzūfáng　名　政府向中低收入且住房困难的家庭提供的社会保障性质的住房。

为解决中低收入家庭的住房问题，多地政府都在建设并推行廉租房制度。

6. 福利　fúlì　名　生活上的利益，特指对职工、人民的生活（食、宿、医疗等）的照顾。

该公司每月向员工发放“孝敬父母金”，将关爱员工的福利政策真正落到实处。

7. 征收　zhēngshōu　动　政府依法向个人或单位收取（税款等）。

对这些进口产品征收重税，可以通过限制进口把需求留在国内，解决国内产能过剩的问题。

8. 投机者　tóujīzhě　利用时机谋取私利的人。

激烈的市场竞争中，有一些“投机者”没有足够的产品实力，只靠低价取胜，他们的存在不仅不能促进行业发展，反而会扰乱市场。

9. 央行　yānghánɡ　名　即“中央银行”，是国家最高的货币金融管理组织机构，在各国金融体系中居于主导地位。

央行的主要职能有金融调控和公共服务等。

10. 款项　kuǎnxiàng　名　为某种用途而储存或支出的钱（多指机关、团体等进出的数目较大的钱）。

乙方发现少收款项后，多次要求甲方补足差额。

11. 印花税　yìnhuāshuì　名　以经济活动中签立的各种合同、产权转移书据、营业账簿、权利许可证照等应税凭证文件为对象所征收的一种税。

国家对不同种类的合同征收的印花税税率是不同的。

12. 抑制　yìzhì　动　压下去；控制。

虽然调控频繁，但依然难以抑制投资者的购房热情。

13. 置业　zhìyè　动　购置产业（如土地、房屋等）。

该公司旗下的住宅物业有四大系列，分别针对首次置业、改善、教育、高端的居住需求。

14. 房源　fángyuán　名　（供出售、出租或分配的）房屋的来源。

本月青岛约有16家新房源入市，购房者可选择的楼盘增多。

15. 基金　jījīn　名　为兴办、维持或发展某种事业而储备的资金或专门拨款。

近日，中国贵州民航产业发展基金获国家发展改革委批准设立。

16. 扶持　fúchí　动　扶助；护持。

明年我省将继续对民营企业的发展给予扶持，进一步帮助企业增强竞争力。

3 练　习

一、辨字组词。

抑（　　）　柳（　　）　印（　　）

缓（　　）　暖（　　）　爱（　　）

置（　　）　直（　　）　宜（　　）

售（　　）　债（　　）

廉（　　）　兼（　　）

遏（　　）　遇（　　）

二、以下是房地产开发企业涉及的主要税种，将它们与相应的意思连起来。

营业税	为筹集城镇建设维护资金而征收的一种税
城建税	向房屋产权所有人征收的一种财产税
土地增值税	针对交易凭证的一种税
房产税	对企业经营所得和其他所得征收的一种税
印花税	针对转让国有土地和房产所获增值的一种税
企业所得税	针对企业所取得的营业额征收的一种税

语言知识

～税

“～税”是税种（税的种类）名称的常用形式。不同的税种名称有不同的含义。

针对某事物或款项征收的税

车船税：针对使用中的车辆和船只的一种税。

房产税：向房屋产权所有人征收的一种财产税。

增值税：针对生产、经营过程中实现的增值额的一种税。

针对某种商业行为征收的税

消费税：针对某些消费品的一种税。

营业税：针对经营活动所取得的营业额的一种税。

车辆购置税：针对新购车辆的一种税。

具有某种专门用途的税

城建税：城市维护建设税，是为筹集城镇建设维护资金而征收的一种税。

三、选择恰当的词语，完成下面的句子。（注意与加点词语的搭配）

调控	遏制	征收	款项	置业
出售	扶持	投机者	基金	房源

1. 近年来，各级政府相继出台了一系列________中小微企业的优惠政策。
2. R 公司拟________估价为 1200 多万元的闲置房产。
3. 有两个城市已经开始________个人住房房产税。
4. 去年，宽松的________政策促使楼市出现短暂升温。
5. 这个楼盘目前在售的 20 套________均为现房。
6. 上个月出售闲置房产所得的________将用于补充公司的流动资金。
7. 研究发现，________的兴趣主要是参与市场波动并从中获利，而投资者的主要兴趣是在合适的价格获得和持有证券。
8. 征收房地产税，既能________房价上涨，又能给政府增加税源。
9. 年轻人要想实现自己的________梦想，紧凑实用的精装小户型无疑是首选。
10. 全国首个退役军人帮扶________在深圳成立，主要针对退役军人就业、创业等方面提供公益帮助。

四、用指定的词语描述图片或图表。

1. 抑制、调控

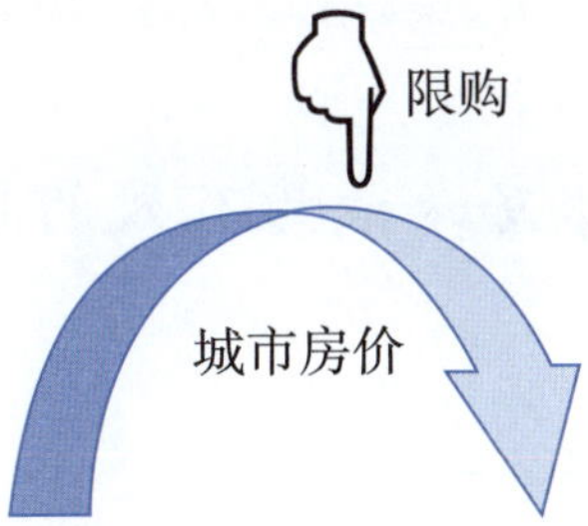

2. 出售

3. 征收、投机者

4. 扶持

五、找出下列句子的主干。

1. 新加坡长期坚持以政府分配为主、市场出售为辅的原则。

   主干：________________________________

2. 在遏制房价快速上涨的各种政策中，大力推行廉租房是最为有效的措施之一。

   主干：________________________________

3. 为防止房地产过热给经济发展带来风险，英国政府和中央银行还从两方面为房地产降温。

   主干：________________________________

六、将下面的句子改写为口语体。（加点的部分必须替换为口语词语）

1. 世界各国对这个问题都相当重视。

   ____

2.（政府组屋）低价出售或出租给中低收入阶层使用。

   ____

3. 大力推行廉租房是最为有效的措施之一。

   ____

4. 英国向来重视政府对住房市场的调控。

   ____

5. 如果房屋空置，房主还要承担市政税。

   ____

6. 如果交易或者赠予的房产增值，还要交增值税。

   ____

七、根据课文回答下面的问题。

1.“有形之手”调控房价的目的是什么？

____

____

2. 新加坡政府如何分类管理楼市？

____

____

3. 法国政府用哪些政策调控房价？

____

____

4. 英国政府有哪些调控房价的办法？

____

____

八、读后分析。

1. 根据课文内容，将国家与相应的调控措施连起来。

新加坡	推行廉租房
法国	提高利率
英国	征收多种税
	政策扶持废旧建筑的改造、拆除
	推行鼓励租房的政策
	用公共土地建设新房
	投资修建政府组屋
	对房产所有者征收重税

2. 根据课文，用表格归纳各国政府的措施及效果。（≤ 10 字 / 单元格）

4 能力训练

语言能力 利用表格，快速、有效地整理信息

从文字到表格，就是将口头或书面信息组织到一个纵横交错的网格结构中，以便于快速感知和检索。从文字到表格的具体步骤如下：

第一步，根据语言内容确定表格的主要项目及其关系。如：

《中国工商银行年度财务报告》：

该公司的股票信息（股票种类、简称、代码、交易所）

第二步，设计表格结构，也就是确定垂直的列和水平的行分别对应于哪些项目。项目名称就表示同一列或行的信息在该项目上所具有的相同属性。

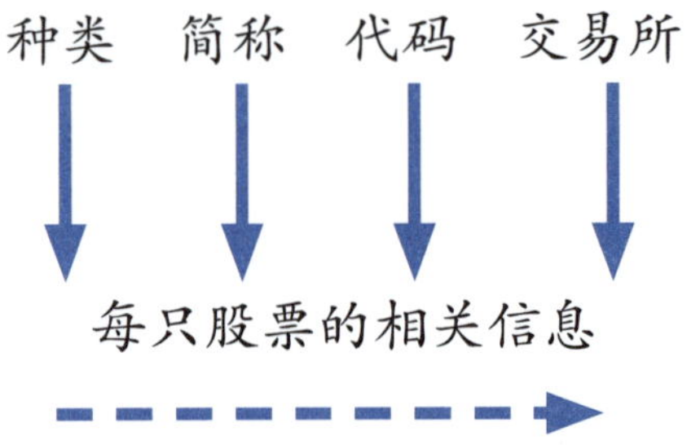

种类	简称	代码	交易所
A 股			
H 股			
境外优先股			
境内优先股			

第三步，从语言内容中快速提取具体信息，填入相应的单元格。另外，单元格中的语言应该简洁概括，以关键词语为主。

<table>
<tr><th>种类</th><th>简称</th><th>代码</th><th>交易所</th></tr>
<tr><td>A 股</td><td>工商银行</td><td>601398</td><td>上海证券交易所</td></tr>
<tr><td>H 股</td><td>工商银行</td><td>1398</td><td rowspan="4">香港联合交易所有限公司</td></tr>
<tr><td rowspan="3">境外优先股</td><td>ICBC USDPREF1</td><td>4603</td></tr>
<tr><td>ICBC EURPREF1</td><td>4604</td></tr>
<tr><td>ICBC CNHPREF1</td><td>84602</td></tr>
<tr><td>境内优先股</td><td>工行优 1</td><td>360011</td><td>上海证券交易所</td></tr>
</table>

总之，表格的结构体现了商业信息间的关系，在语言上过滤出了核心词语，因而更易于记忆和查找。

练习

一、根据下文，用表格归纳主要的市场信息。

我市近期地产项目一览

金湖乐庭项目位于东海区温泉镇，由海尚置业、通瑞集团两大开发商联手打造。预计推出的产品为 90～137m^2 的公寓房，价格及户型即将公开，尚未开盘。感兴趣的购房者可致电售楼处了解详情。

南山苑项目售楼信息已经公开，预计 11 月开盘。项目由华夏地产公司开发，择址于新城区，周边商业、教育、交通等配套成熟。产品以别墅为主，面积为 95～138m^2，采用新中式建筑风格。

如园项目目前仅 9 号楼在售，面积在 90～160m^2 之间。项目位于白龙区人民公园东侧，是亿科集团今年主打的城市住宅项目，是集团比较成熟的产品系列中唯一采用中式风格的建筑。

项目名称	地点	开发商	产品类型	面积（m^2）	销售时间

二、用表格整理出下面这段话的主要信息。

一般来说，城镇化的发展阶段和人口的空间流向是住房市场的一个重要风向标。当一国城镇化率低于 50% 的时候，人口流动主要以农村进入城市为主，所有城市的房价涨幅总体比较接近，只是在城镇化率接近 50% 时大城市的房价涨幅会稍大一些。当城镇化率超过 50% 的时候，人口流动主要以小城市进入大城市为主，大城市的住房市场景气指数明显优于中小城市。当城市人口超过 70% 后，城市主城区人口开始逐步向郊区迁移，大城市郊区的住房市场逐步兴起。在城市化进程接近饱和时，郊区城市化与"大都市圈"时代来临，大城市郊区的房价表现将会显著优异。无论在哪个阶段，人口的流向都最终决定了房地产的市场表现。

情景任务 速读资料，研究调控措施

角色： 你在一家房地产公司的市场研究部门工作。

情景： 你正在研究一些国家调控房地产市场的措施，已经找到了下面这些资料。为了完成一个研究报告，需要将这些资料整理成表格的形式。

要求：

1. 快速阅读下面的资料，找出主题句，把握主要内容。
2. 提取主要信息，将两个国家的措施分别归纳为两个表格，表格中每个单元格字数≤10字。
3. 根据两个表格，用一两句话总结两国政府的调控分别以什么手段为主（金融 / 非金融；针对供应 / 需求）。

资料一

德国房价主要由市场的供求关系决定，政府并不直接对房地产市场进行干预，但是会通过出台一系列法律和政策来确保市场健康有序地发展。法律规定，开发商应该为社会不同阶层提供住房，房屋的面积大小、设施和租金等方面要满足不同阶层的需求。德国政府大力推行“社会住房”和“住房金”等资助政策。“社会住房”包括供出租的公寓楼和合作社住宅。通过不同的补贴方式，使这类住房以低于成本的租金供应给低收入阶层。政府还资助房地产开发商对现有住房翻新改造，供低收入家庭居住。此外，政府还实施“住房金”制度，通过向低收入家庭提供补贴，帮助这部分人群获得合适的住房。

资料二

鉴于墨西哥城市化步伐加快，大量农村人口进入城市，墨西哥政府采取了向低收入阶层倾斜的住房政策。为抑制高档住宅的开发，政府上调了此类住宅的贷款利率，控制贷款规模，同时提高相关行政收费和税收标准。

与此同时，政府还大力推动低价房的建设。对于价格较低的房地产项目，可以为开发商提供低利率的贷款，还可以降低甚至免除其获得土地使用许可的费用，同时由政府拨款在项目周围兴建道路、学校及医疗机构等配套设施。为了防止投机者炒房，政府还对低价房购买人的资格进行严格审查。这些措施刚出台3个月就收到了明显的效果，600多个低价房开发项目提出贷款申请，新增低价房超过10万套。

5 扩展阅读

问题

1. 根据文章，中国的房地产政策经历了几个阶段？
2. 每个阶段采取了哪些政策？
3. 中国房地产政策的变化趋势是什么？
4. 用表格归纳中国房地产政策经历的历史阶段及具体措施。

中国房地产政策的阶段回顾

第一阶段：计划经济时期住房制度阶段（1949—1978年）。这一时期，中国的住房制度是一种以国家统包、无偿分配、低租金、无限期使用为特点的实物福利性住房制度。这种制度曾经起过历史作用，但也存在弊端。国家无法有效地满足城镇居民的住房需求，而且投入住宅建设的资金收不回，每年还需要大量的补贴。

第二阶段：住房制度改革阶段（1979—1998年）。这个阶段经历了20年，具体分为四步走。

第一步试点售房（1979—1985年）。1979年中央政府开始在4个试点城市向居民全价售房，1980年试点扩大到50个城市，1981年又扩大到60多个城市及部分县镇。1982年开始试点实行补贴出售住房，即政府、单位、个人各负担房价的l/3。截至1985年底，全国共有160个城市和300个县镇实行了补贴售房，共出售住房1093万平方米。

第二步提租补贴（1986—1990年）。自1986年以后，城镇住房制度改革取得了重大突破，掀起了第一轮房改热潮。1986年1月，成立了“国务院住房制度改革领导小组”，负责领导和协调全国的房改工作。这一时期提出了以大幅度提租为基本环节的改革思路。1988年国务院颁发重要文件，确定了房改的目标、步骤和主要政策，对全国的房改工作进行了部署，标志着住房制度改革进入了整体方案设计和全面试点阶段。

第三步以售代租（1991—1993 年）。1991 年国务院在继续调整现有公房租金、出售公有住房的同时，强调实行新房新政策。同年 10 月提出将实物福利分配制度逐步转变为货币工资分配制度。

第四步全面推进房改（1994 年—1998 年 6 月）。这个时间段的改革，一是全面推行住房公积金制度；二是积极推进租金改革，实行新房新租；三是稳步出售公有住房，对不同收入家庭按不同价格售房；四是加快经济适用房的开发建设，大力发展房地产交易市场和社会化的房屋维修、管理市场。到 1998 年 6 月，全国城镇自有住房占全部住房的比例已经超过 50%。

第三阶段：住房制度市场化阶段（1998 年至今）。1998 年，国务院确定改革的目标是停止住房实物分配，逐步实行住房分配货币化、住房购销市场化。以此为标志，中国住宅房地产的市场化开始正式启动。它大大改善了城镇居民的居住条件，同时也大大推高了房价，房地产业出现了过热的现象。住房问题成为一个备受关注的社会问题，也是影响经济发展的热点问题。为此，政府出台了诸多政策以调控市场。

（改写自《中国房地产政策回顾与探析》，范志勇，《学术交流》，2008 年第 8 期）

团队任务

任务说明

调查房地产市场行情及政府调控措施。

任务要求

对某城市的住宅市场 / 办公楼市场进行调查，了解最近两年内平均价格的变化，总结政府调控市场的措施。

任务步骤

分组

组成小组，确定组长、时间安排及分工等内容

查找资料

选择城市，确定调查对象

了解最近两年内的均价

查找政府调控市场的具体措施

分析资料

分析价格的走势

总结政府主要用哪些手段、采取哪些措施进行调控（金融手段 / 非金融手段、针对买方 / 针对卖方……）

口头 / 书面报告

调查的基本情况（城市、时间段等）

用表格展示价格数据

用表格展示政府主要的调控手段和具体措施（每个单元格≤ 15 个字）

附上资料出处

第四单元　节能减排与新能源

下图中，左右两边的能源使用方式有什么差异?

很多国家都在努力平衡经济发展和环境保护的关系，采取措施大力鼓励节能减排，积极调整能源结构，寻找可持续发展的道路。

在各种媒体中，有大量的资料都在讨论这方面的热点问题。当你收集完资料并从中找到所需要的相关信息之后，可以用一些图表和图形将信息之间的关系形象化，从而快速呈现出事物的结构、层次、流程、关系等。在本单元，我们将围绕这一能力展开学习与训练。

能力项目	利用图表和图示整理信息
商务词语	～量、～率
专业知识	碳排放、新能源、能源结构
背景知识	中国经济发展模式及现状

第 7 课　鼓励节能减排

1 热　身

听力理解

听录音，根据录音内容将下面的两个 PPT 页面补充完整。 7-1

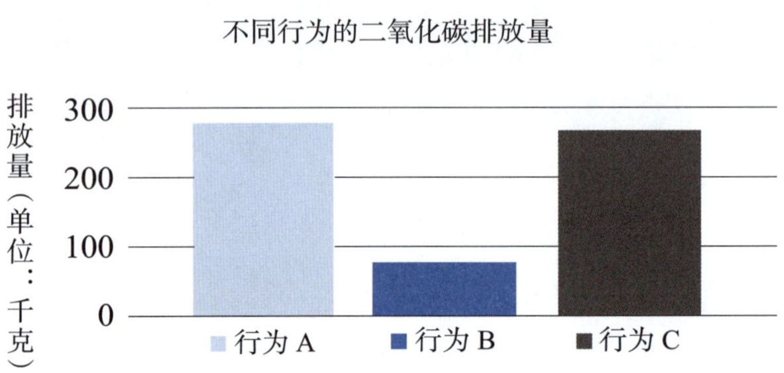

________　________　________

主要原因：温室气体__________

主要气体：__________

有效方法：__________碳排放量

鼓励低碳__________

低碳__________

2 课 文

用新措施鼓励低碳行为 7-2

公民节约用水、用电、用气，减少垃圾投放量，乘坐公共交通出行，选用节能产品……这些低碳生活行为及低碳消费将被折算成一定数量的碳币，用来兑换物质奖励，这正逐步在中国南部的广东省成为现实。

刘嘉是居住在广州的一名环保主义者，去年被邀请参加一款名为“碳普惠”的手机 APP 的内部测试。他每天乘坐地铁上班，并坚持从地铁站步行 30 分钟到达公司。作为对其低碳行为的回报，他在这款手机 APP 中获得了 20 个碳币的奖励，在特定的快餐店，每次消费可以用 2 个碳币，相当于 2 元人民币。“现在我的环保生活方式不仅能带来精神层面的满足，也能获得外部的物质奖励。”刘嘉说道。

广东省是中国经济最发达的省份之一，同时也是碳排放量最大的省份之一。为了推动低碳生活建设，2012 年广东省开始启动碳排放权交易。两年后，广东省就已成为仅次于欧盟、韩国的全球第三大碳排放权交易市场。首批有 200 余家控排企业纳入碳排放管理和交易范围，其碳排放量占该省的 60% 左右。

现在，该省在减少个人碳排放的探索上又向前走了一步，制订了中国首个全省性促进小微企业、家庭和个人碳减排的奖励方案。按照该方案的计划，社区居民的水、电、煤气的用量将与社区业主的户均用量进行比较，节约量将被转换成减排量。市民的垃圾分类、公交出行等行为都将被记录，并折算成相应的减排量，最终可以换成碳币。目前，几个试点城市的实施细则仍在讨论之中。

（改写自新华网时政频道，2015.7.29）

词语表

7-3

1. 低碳 dītàn 形 温室气体（以二氧化碳为主）排放量较低的。

低碳生活代表着更自然、更环保的生活方式。

2. 投放量 tóufàngliàng 投出、放出的数量。

垃圾分类清理制度可以通过计量收费的方式减少垃圾投放量。

3. 节能 jiénéng 动 节约能源。

太阳能地暖是一种绿色的采暖方式，这类节能产品越来越受到人们的欢迎。

4. 折算 zhésuàn 动 折合；换算。

这家电信公司将语音、短信统一折算成流量进行计费。

5. 兑换 duìhuàn 动 用证券换取现金或用一种货币换取另一种货币。

该国政府将制订全民健身积分制度，积分可兑换物质奖励。

6. 环保 huánbǎo 形 符合环保要求的。

为进一步降低碳排放，本店自即日起全面推行使用环保降解餐具。

7. 回报 huíbào 动 报答；酬报。

他表示要用夺冠作为对支持他的球迷的回报。

8. 相当于 xiāngdāng yú （数量、价值、条件、情形等）跟……差不多。

按照当前的汇率，一美元相当于7.02元人民币。

9. 排放 páifàng 动 排出（废气、废水、废渣）。

政府对企业的碳排放量做出了限定。

10. 仅次于 jǐn cì yú （次序）只是排在……的后面，多指在一定范围内排第二位。

摩洛哥有十分丰富的新能源资源，在非洲国家中仅次于南非。

11. 交易 jiāoyì 动 买卖商品。

这个花卉交易市场让市民有机会买到各种奇花异草。

12. 制订 zhìdìng 动 创制拟定。

我市制订出台了《土壤污染防治工作方案》。

13. 分类	fēnlèi	动	根据事物的特点分别归类。
			社区计划为青少年儿童开展关于垃圾分类的知识讲座。
14. 试点	shìdiǎn	动	正式进行某项工作前，先做小型试验。
			“春城”昆明是国家文化消费试点城市，今年为开展文化消费活动投入资金达3623万元，带动居民实际支出19554万元。
15. 实施	shíshī	动	实行（法令、政策等）。
			成都市成品住宅发展的实施细则近日将出台。

专有名词

1. 碳币	Tànbì	一种环保的应用虚拟币。
2. 欧盟	Ōuméng	欧洲联盟（EU），欧洲的经济、政治共同体。

3 练 习

一、辨字组词。

悦（　　）
兑（　　）
说（　　）

测（　　）
侧（　　）
厕（　　）

低（　　）
底（　　）
抵（　　）

盟（　　）
萌（　　）

换（　　）
挽（　　）

施（　　）
拖（　　）

二、将下面的词语与对应的意思连起来。

用量	减少排放的数量
投放量	节省的数量
排放量	使用的数量
节约量	排放的数量
减排量	投出、放出的数量

语言知识

~量

“~量”是汉语中常见的名词性或形容词性结构，用来说明或形容数量。大致有以下两类。

一、与某个动作相关的事物的数量，例如：用量、产量、流量、访问量、交易量、浏览量、成交量、供应量。

二、形容事物数量的多少，例如：少量、大量。

三、选择恰当的词语，完成下面的句子。（注意与加点词语的搭配）

投放量	节能	兑换	回报	折算
交易	分类	制订	实施	仅次于

1. 去年北汽新能源汽车的全球销量________特斯拉（Tesla），连续五年在国内排名第一。
2. 在“爱心超市”，社区居民可以用为社区服务的积分________物质奖励。
3. 微软移动部门减少了低端智能手机在全球部分市场的________。
4. 我国已启动全国统一的碳________市场。
5. 教育部今年将推动地方政府________省级校车服务方案。
6. 创业伙伴的各种投入（比如场地、资源、技术等）如何________成现金？
7. 虽然创业奋斗的路上很艰辛，但是当获得________的那一刻到来时，感觉一切都是值得的。
8. 在技术、服务等指标相同的情况下，应当优先采购________产品，逐步淘汰低能效产品。
9. 我市已实行生活垃圾________管理。
10. 这些________细则是政府对法律和规定等做出的详细具体的解释和补充。

四、用指定的词语描述图片或图表。

1. 节能、环保、排放

2. 环保、分类、实施

3. 兑换、折算、交易

中国银行　汇率牌价表

今日市场汇率 1 美元 = 7.1460 人民币元

现钞买入价	现钞卖出价
707.68	716.26

4. 回报

5. 相当于、仅次于

社交网站用户人数

（单位：亿）

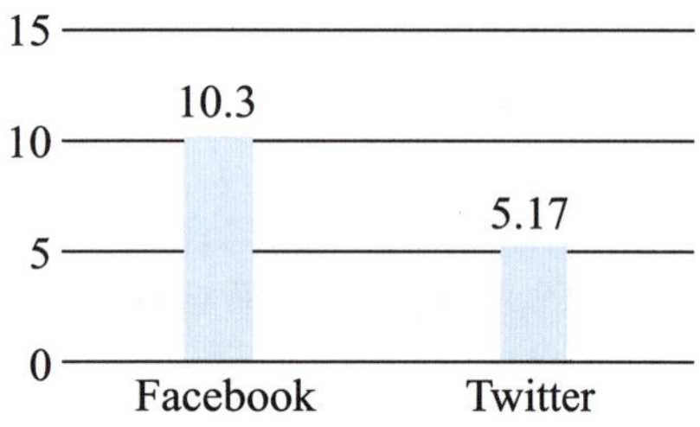

五、找出下列句子的主干。

1. 这些低碳生活行为及低碳消费将被折算成一定数量的碳币。

   主干：____

2. 现在我的环保生活方式不仅能带来精神层面的满足，也能获得外部的物质奖励。

   主干：____

3. 广东省是中国经济最发达的省份之一，同时也是碳排放量最大的省份之一。

主干：______________________________

4. 首批有200余家控排企业纳入碳排放管理和交易范围。

主干：______________________________

5. 该省制订了中国首个全省性促进小微企业、家庭和个人碳减排的奖励方案。

主干：______________________________

6. 市民的垃圾分类、公交出行等行为都将被记录，并折算成相应的减排量。

主干：______________________________

六、将下面的句子改写为口语体。（加点的部分必须替换为口语词语）

1. 在特定的快餐店，每次消费可以用2个碳币，相当于2元人民币。

____

2. 两年后，广东省就已成为仅次于欧盟、韩国的全球第三大碳排放权交易市场。

____

3. 首批有200余家控排企业纳入碳排放管理和交易范围。

____

4. 按照该方案的计划，社区居民的水、电、煤气的用量将与社区业主的户均用量进行比较。

____

5. 目前，几个试点城市的实施细则仍在讨论之中。

____

七、根据课文回答下面的问题。

1. 低碳生活行为包括哪些具体的形式？

2. 在广东省，低碳消费会给个人带来什么好处？

3. 刘嘉从环保的生活方式中获得了什么？

4. 广东省碳排放权交易市场的规模如何？

5. 广东省有哪些减排措施？

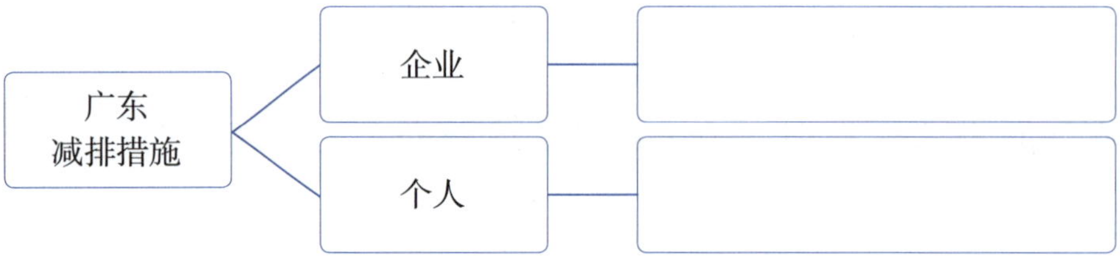

6. 广东省市民可以获得的碳币数量是如何计算出来的？请写出计算过。

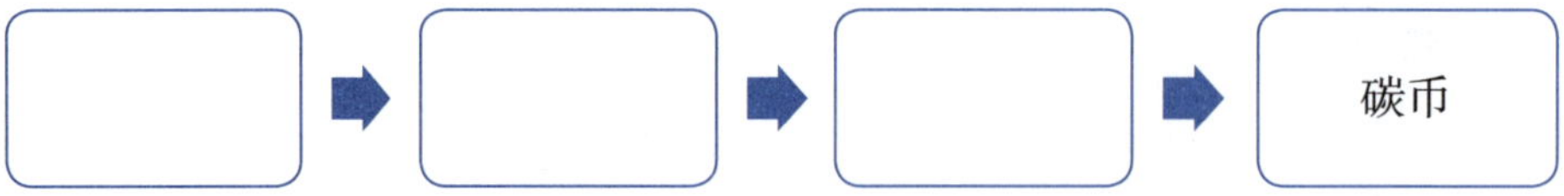

八、读后分析。

1. 为了说明广东省在全球碳排放权交易市场中的排名，作者可以用下面哪种图表？为什么？

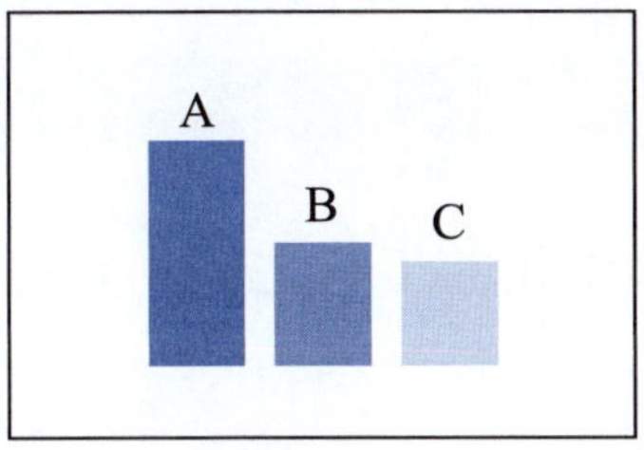

图表 A

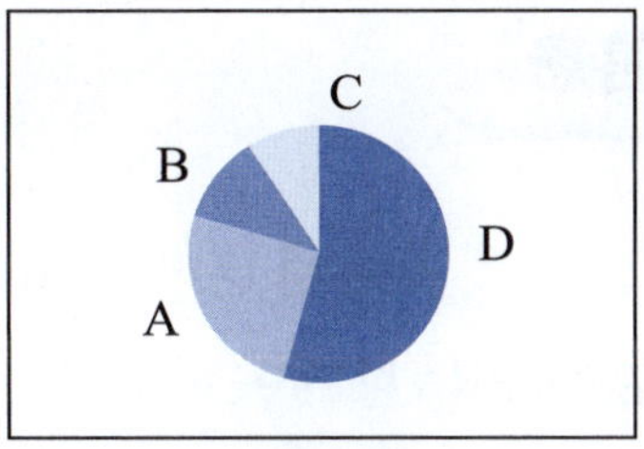

图表 B

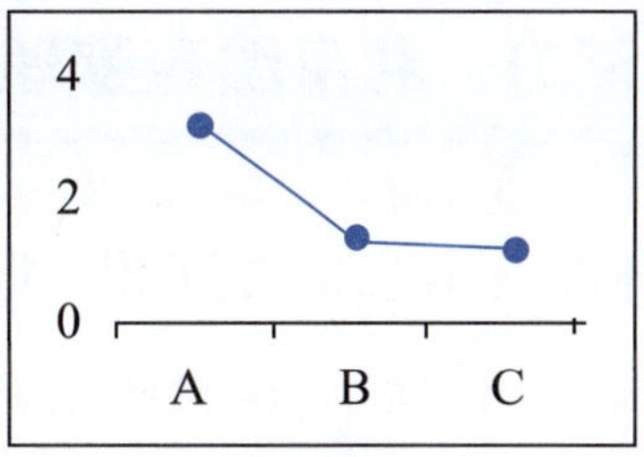

图表 C

2. 课文提到了广东省首批控排企业碳排放量在该省所有企业排放量中的占比，下面哪种图表有助于理解和记忆？为什么？

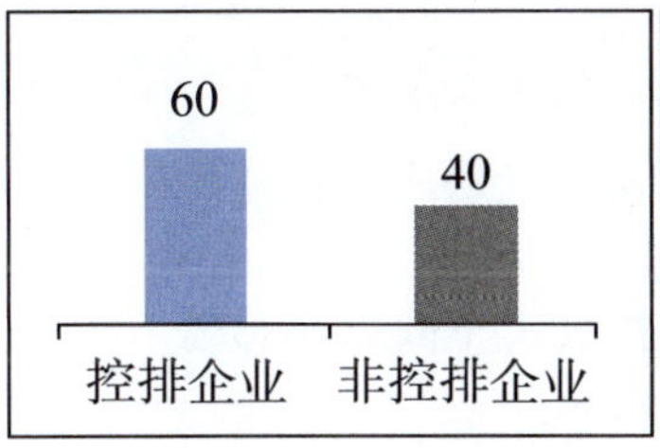

图表 A

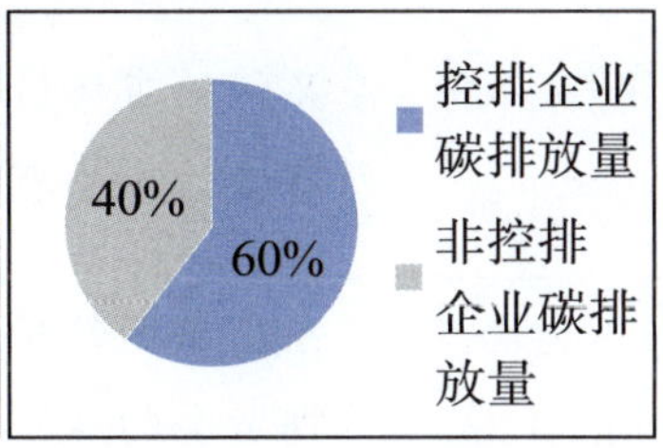

图表 B

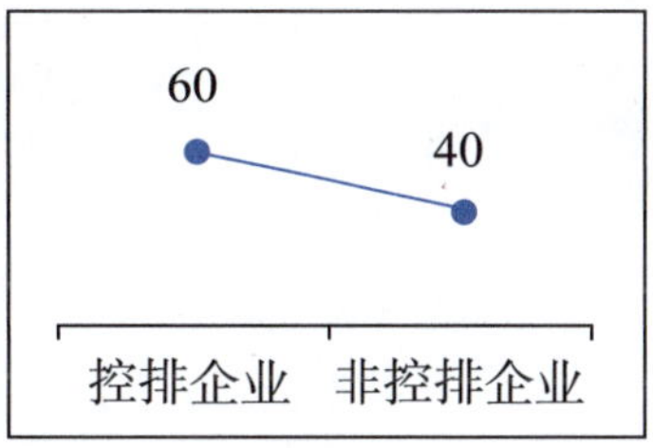

图表 C

4 能力训练

语言能力 利用图表整理信息

各种商业信息常常互相关联，而图表是将这些关系形象化的工具之一，它可以直观形象地帮助我们理解和表达相关数据和信息的关系。

图表的基本类型主要有饼图、柱形图、折线图等。每种图表强调的关系不同，对应的语言也有所不同。

图表类型	信息	例子
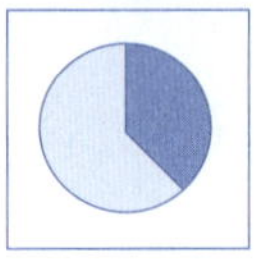 饼图	各组成部分与整体之间的比例关系	A 品牌的市场份额高达三分之一。 所有受访者中有 55%（的人）打算买节能产品。
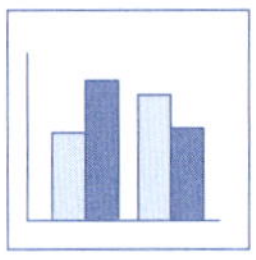 柱形图	各项数据之间的比较关系	广东省市场的规模仅次于欧盟和韩国。 近期黄金的涨幅低于铂金。 F 公司的利润是 G 公司的 9 倍。 本月的销量相当于去年同期的一半。
 折线图	数据随时间而形成的变化关系	全年缓慢增长。 连续三个月大幅下跌。 利润增幅高达 7%。

为快速理解、整理并记忆数据和信息，可以将它们转化为图表。首先，通过段落或文章的词语、句式分析其中的信息，选择相应的图表类型；然后，进一步提取出主要项目和相关数据，绘制图表；最后，根据段落的主题句、文章的总起或总结等，写出图表的题目。

同样地，我们在写文章或做报告时，为了帮助读者或听众更好地理解，也可以用上图表，步骤如下：首先，确定表达的主题、核心问题等以确定图表题目；然后，根据项目、数据的信息重点，选用合适的图表。注意在自己的表达过程中要使用相应的语句。

练习

一、用恰当的图表归纳下面这段话的主要内容。

高层建筑容纳人数众多，在电梯、空调、供水、供暖、管理等方面要消耗大量的能源。其中，供暖空调系统、照明系统、动力系统和办公设备系统是建筑能耗的 4 个主要系统，占比约 90%。供暖空调系统耗电量占到整个建筑能耗的 50% 以上，照明系统大约为 20%，动力系统约为 10%，办公设备系统约为 10%。

二、根据表格中的数据，制作相应的图表，并介绍其中的主要信息。

表 1 全国绿色技术专利数量

省（及直辖市）	数量（项）
北京	5151
广东	3955
浙江	3365
山东	3104

表 2 H 省碳排放权交易情况

时间	成交价格（元 / 吨）
周一	38.25
周二	36.65
周三	36.27
周四	33.55
周五	35.93

情景任务 研究与介绍能源消费

角色： 你在一个经济研究所工作。

情景： 你们的团队最近正在研究世界能源消费的问题。你负责根据下面的表格，研究并报告生活能源消费的变化趋势。

要求：

1. 准备一份 2 分钟左右的发言稿。说明能源消费的总体情况，并分析其中两种或两种以上能源品种的变化趋势。
2. 制作图表，类型自定。大致反映变化趋势，不用标出每年的数据。

居民生活能源消费量

能源品种	1990	1995	2000	2005	2010	2015	2019
合计（万吨标准煤）	15799	15745	16695	27573	36470	50461	61709
煤炭（万吨）	16700	13530	8457	10039	9159	9627	6547
煤油（万吨）	105	64	72	25	21	29	23
液化石油气（万吨）	159	534	858	1329	1537	2549	2855
天然气（亿立方米）	19	19	32	79	227	360	502
煤气（亿立方米）	29	57	126	145	167	80	46
电力（亿千瓦小时）	481	1006	1452	2885	5125	7565	10637

（表格数据引自国家统计局《中国统计年鉴 2021》）

第 8 课　能源结构调整

1 热　身

小组活动

很多国家的政府都推出了与节能减排有关的措施。请将下列措施进行归类。

A. 提高建筑节能的标准

B. 资助企业购买节能设备和技术

C. 推出防治污染的法律

D. 利用媒体宣传节能减排的重要性

E. 对达到节能标准的企业减免税费

F. 设立基金奖励实施节能减排的企业

G. 为家庭和个人提供有针对性的节能建议

H. 推行超计划超定额用水加价的制度

I. 对购买和使用新能源汽车给予一定的补贴

J. 强制要求企业减少一定量的污染物排放

K. 允许企业买卖自己的碳排放量

L. ________________________________（你知道的措施）

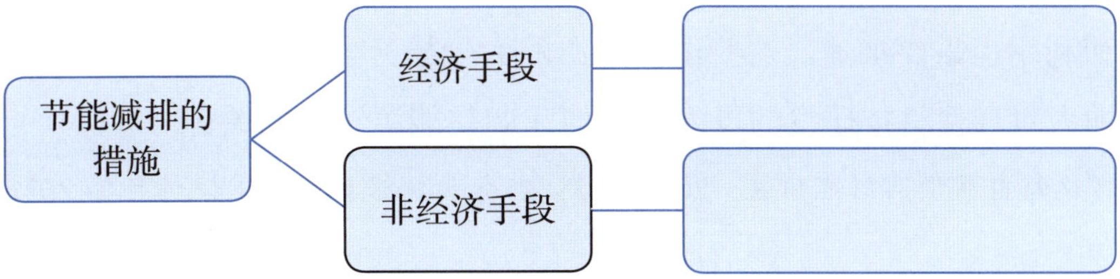

2 课 文

雾霾问题凸显能源结构调整需加速 8-1

前些年一到秋冬供暖时节，雾霾就频繁在中国北方城市现身，有些东北城市的空气质量甚至会达到严重污染的程度，局部地区能见度很低。之所以会出现上述现象，是因为秋冬时节中国北方地区进入供暖期，势必会加大空气污染防控的压力，各地面临“保供暖”与“治雾霾”的双重考验。

中国气象局和中国社科院联合发布的《气候变化绿皮书》显示，中国雾霾天气增多的主要原因是化石能源消费带来的大气污染物逐年增加。这些污染物主要源于热电排放、重化工生产、汽车尾气、冬季供暖、居民生活，以及地面灰尘等。长远来看，大力推进节能减排，逐步改变目前的能源结构是治理雾霾的治本之策。中国还是一个以煤为主要能源的国家，如果能够大规模地减少对煤炭的使用，雾霾发生的频率将会大幅下降。

中国政府公布的《能源发展战略行动计划》提出，要着力优化能源结构，把发展清洁低碳能源作为调整能源结构的主攻方向。为了降低煤炭等化石能源的使用率，积极推进北方地区冬季清洁取暖，中国以促进低碳发展为目标，大力发展天然气、电力和可再生能源，积极推动终端用能清洁化。根据统计，截至 2021 年底，在中国的能源消费结构中，非化石能源的比重已达到 16.6%；而在化石能源中，天然气的比重达到 8.9%，煤炭消费比重已降至 56.0%。

专家认为，除了化石能源的结构调整，风能、核能、生物质能等非化石能源的开发和利用也需要加速。这些清洁能源的大规模开发和利用需要以科技为支撑。因此，加大对环保科技研发的投入，是加速调整能源结构的关键。

（改写自新华网财经频道，2015.11.5；部分数据根据《中国统计年鉴 2022》更新）

词语表

8-2

1. 雾霾 wùmái 名 雾和霾的混合物，会造成空气浑浊、湿度大、能见度低。

   随着能源结构的调整，北方地区的雾霾问题也得到了一定程度的缓解。

2. 凸显 tūxiǎn 动 清楚地显露。

   信息安全在社会生活中的重要性日益凸显。

3. 供暖 gōngnuǎn 动 向建筑物供给热量，保持一定的室内温度。

   在秋冬供暖时节，当地以煤为主要燃料，满足居民的采暖需求。

4. 频繁 pínfán 形 （次数）多。

   中秋将至，很多媒体上频繁出现各式月饼的促销广告。

5. 能见度 néngjiàndù 名 物体能被正常视力看到的最大距离，也指物体在一定距离时被正常视力看到的清晰程度。

   今晨，北京出现能见度小于500米的大雾天气，部分地区能见度不到200米。

6. 势必 shìbì 副 根据形势推测必然会怎样。

   政府补贴减少，势必加大车企的销售压力。

7. 考验 kǎoyàn 动 通过具体事件、行动或困难环境来检验（是否坚定、忠诚或正确等）。

   政府补贴减少意味着新能源企业将迎来市场的考验。

8. 绿皮书 lǜpíshū 名 政府就某一重要政策或议题而正式发表的咨询文件，因封面是绿色的而被称为“绿皮书”。

   《气候变化绿皮书》指出，全球气候变化对自然生态和经济社会的影响正在加速，气候风险持续上升。

9. 推进 tuījìn 动 推动工作，使前进。

   近年来，这家钢厂大力倡导绿色低碳发展理念，全方位推进节能减排。

10. 治理 zhìlǐ 动 处理；整修。

   近年来，该地区在环境治理方面取得了巨大的成就。

11. 频率 pínlǜ 名 单位时间内某种事情发生的次数。
整体而言，今年中国消费者海外网购呈现频率下降、单笔交易规模上升的趋势。

12. 战略 zhànlüè 名 决定全局的策略。
近年来，我市坚持教育优先的发展战略，加快推进教育现代化的进程。

13. 优化 yōuhuà 动 加以改变或选择使优良。
天津市正大力优化能源结构，推广使用清洁能源。

14. 主攻 zhǔgōng 动 主要研究（某一学科）。
制造业的改革与发展必须坚持以智能制造作为主攻方向。

专有名词

1. 中国气象局	Zhōngguó Qìxiàng Jú	负责管理中国气象工作的行政管理部门。
2. 中国社科院	Zhōngguó Shèkēyuàn	中国社会科学院的简称，是中国哲学社会科学研究的最高学术机构和综合研究中心。

3 练 习

一、辨字组词。

雾（ ）
霾（ ）
雪（ ）

建（ ）
健（ ）
键（ ）

略（ ）
格（ ）
络（ ）

碳（ ）
炭（ ）

煤（ ）
谋（ ）

治（ ）
抬（ ）

二、将下面的词语与对应的意思连起来。

使用率	增长的比率
收视率	使用的比率
利润率	某一时段内观看某电视节目的人数占电视观众总人数的百分比
增长率	利润占总资本的百分比
准点率	与出发时间一致的航班占航班总数的百分比

语言知识

～率

"～率"是汉语中常见的名词性结构，用来说明两个相关的数在一定条件下的比值。

名词＋"率"，例如：税率、利润率。

动词＋"率"，例如：出生率、回报率、延误率、销售率、中签率、出勤率。

三、选择恰当的词语，完成下面的句子。（注意与加点词语的搭配）

频率	能见度	战略	频繁
治理	推进	凸显	优化

1. 全国各地都在大力________节能减排。
2. 斯柯达公司正在制定发展________，将确立12个主要的方向。
3. 近年来，雾霾天气________出现，空气质量问题已引起全社会的关注。
4. 大气污染和水污染已经严重影响了人们的日常生活，必须重拳________。
5. 智能家居的安全问题正日益________。
6. 受沙尘天气影响，省内部分路段________很低。
7. 国家制定了进一步支持新能源汽车产业的措施，以________能源结构，推动绿色经济发展。
8. 随着中国与国际伙伴的合作关系日益密切，中文在国际商务合作中的使用________不断上升。

四、用指定的词语描述图片或图表。

1. 优化、主攻

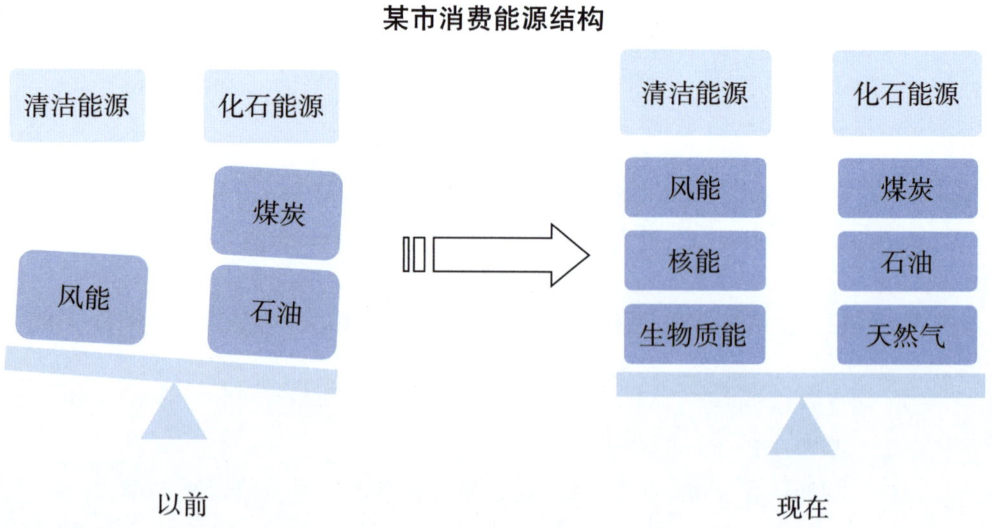

2. 凸显

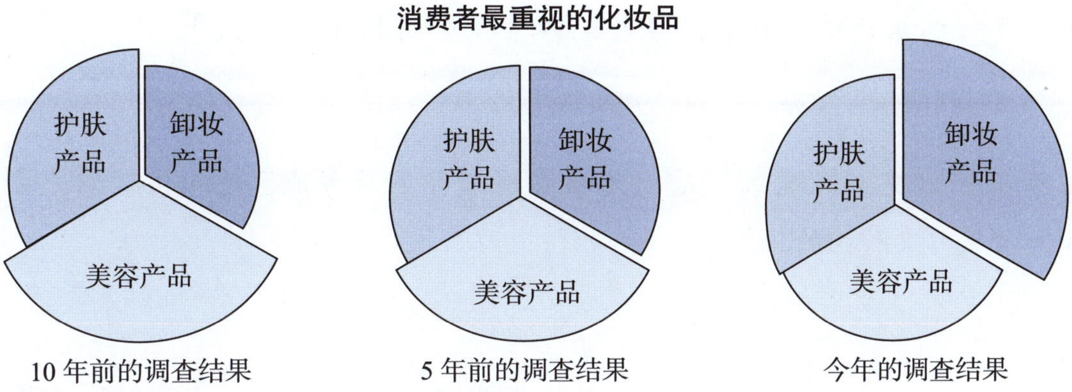

3. 势必

五、找出下列句子的主干。

1. 前些年一到秋冬供暖时节，雾霾就频繁在中国北方城市现身。

主干：____

2. 长远来看，大力推进节能减排，逐步改变目前的能源结构是治理雾霾的治本之策。

主干：____

3. 如果能够大规模地减少对煤炭的使用，雾霾发生的频率将会大幅下降。

主干：____

4. 中国政府公布的《能源发展战略行动计划》提出，要着力优化能源结构，把发展清洁低碳能源作为调整能源结构的主攻方向。

主干：____

六、将下面的句子改写为口语体。（加点的部分必须替换为口语词语）

1. 前些年一到秋冬供暖时节，雾霾就频繁在中国北方城市现身。

____

2. 之所以会出现上述现象，是因为秋冬时节中国北方地区进入供暖期，势必会加大空气污染防控的压力。

____

3. 这些污染物主要源于热电排放、重化工生产、汽车尾气、冬季供暖、居民生活，以及地面灰尘等。

____

4. 逐步改变目前的能源结构是治理雾霾的治本之策。

____

5. 要着力优化能源结构，把发展清洁低碳能源作为调整能源结构的主攻方向。

____

七、根据课文回答下面的问题。

1. 雾霾经常在什么时间、什么地方出现？出现的原因是什么？

____

____

2. 雾霾天气增多的主要原因有哪些？

____

____

3. 治理雾霾的根本办法是什么？

____

____

4. 中国的能源发展战略有哪些主要内容？

____

____

5. 中国现在的能源结构是什么样的？

____

____

6. 为了大规模开发和利用清洁能源，我们应该做什么？

____

____

八、读后分析。

1. 针对课文第二段，为了说明大气污染物的来源，作者可以用哪种图表？为什么？

A. 流程图 B. 结构图 C. 关系图

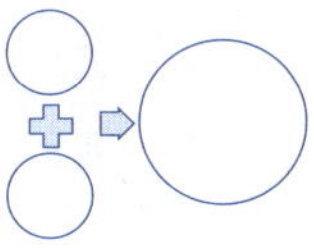
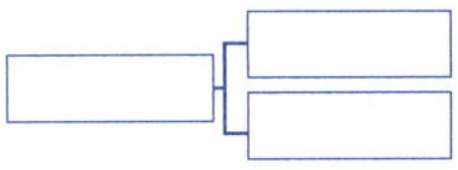
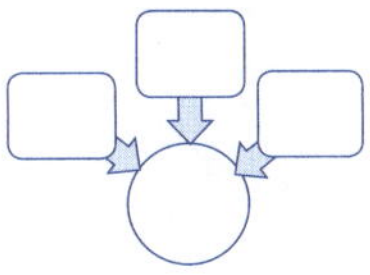

2. 要总结课文中提到的主要的能源种类，可以用哪种图表？为什么？

A. 流程图 B. 结构图 C. 关系图

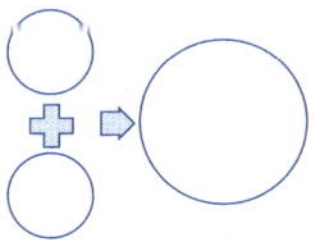
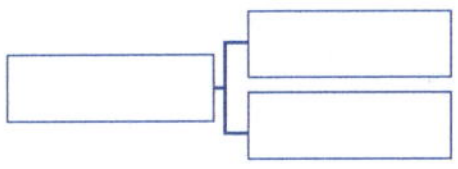
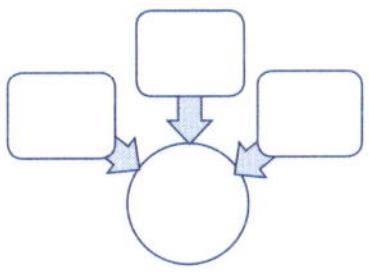

4 能力训练

语言能力 利用图示整理信息

在商务工作中，常常要说明组织结构、事件的发展流程以及经济事件之间的关系等，图示能够很好地满足我们这方面的工作需求。图示是一种把信息形象化显示出来的方式，文字信息或语音信息与图示之间的转化，是以语言内容为基础，通过关键词、线条连接、箭头指向等，直观展示出信息间的联系，能帮助人们快速整理各种信息，展示信息关系。常见的有流程图、结构图、关系图等。

类型示例	名称	主要内容	应用场景示例
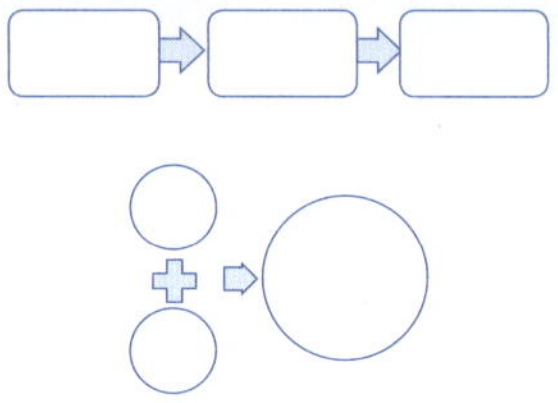	流程图	顺序、过程	推广活动的过程
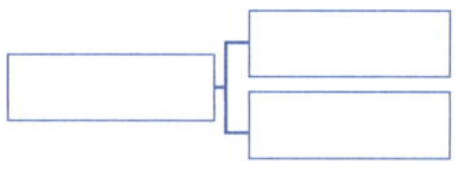	结构图	内部层次、构成	企业组织结构 部门间的隶属关系
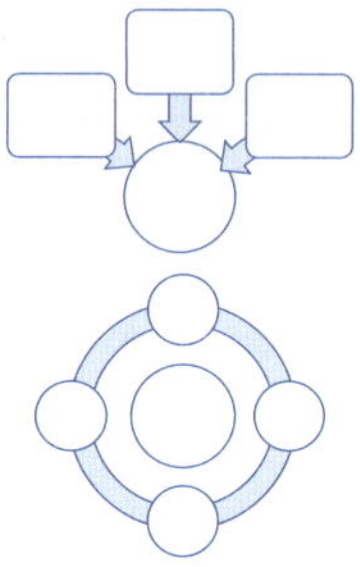	关系图	影响、作用、关联	价格及其影响因素

练习

一、根据下面的内容，用图示归纳中国主要的能源种类。

为了降低煤炭等化石能源的使用率，积极推进北方地区冬季清洁取暖，中国以促进低碳发展为目标，大力发展天然气、电力和可再生能源，积极推动终端用能清洁化。2022 年，中国非化石能源占能源消费的比重达到 17.5%。而在化石能源中，天然气比重为 8.9%，煤炭消费比重降至 56.2%。

专家认为，除了化石能源的结构调整，风能、核能、生物质能等非化石能源的开发和利用也需要加速。

二、用恰当的图示归纳下面两段话的主要内容。

这些污染物主要源于热电排放、重化工生产、汽车尾气、冬季供暖、居民生活，以及地面灰尘等。

本公司是一家生产智能立体车库的公司，每次与客户的合作都会经历以下的流程。首先，如果客户有建设智能立体车库的意愿，可以拨打公司电话咨询相关合作事宜。在明确合作意向的情况下，本公司会根据客户的需要提供具体的设计方案。然后，在与客户讨论方案的时候，本公司人员会与对方公司进行项目谈判。若项目谈判顺利，本公司会派出专业人员进行现场勘测、估价等。最后，与客户达成共识，签订合同。合同签订之后，我们会交付专业工厂进行生产，并对产品质量进行严格把关。产品生产完以后，本公司将派专业技术人员现场安装并检验运行。如果验收通过，产品将交付客户使用。另外，本公司还将提供每月一次的售后服务，由专业技术人员上门检测产品的使用情况。

情景任务　研究与介绍新能源公司

角色： 你在某企业的人力资源部工作，主要负责校园招聘。

情景： 你准备进行校园宣讲，向正在求职的中国大学生介绍你们公司。

要求：

1. 公司属于新能源相关行业（如风能、核能、生物质能等能源），具体方向自选或自创。
2. 准备一份 3 分钟左右的发言稿，介绍企业的历史、组织结构、主营业务、文化。
3. 图示以上四个方面的主要内容。

5 扩展阅读

问题

1. 什么是清洁能源？
2. 常见的清洁能源包括哪些种类？请用图示法说明。
3. 如何避免清洁能源的危险因素？

清洁能源有哪些？

所谓清洁能源就是不排放污染物的能源，也就是环保的能源。那么，哪些能源是清洁能源呢？

从狭义上来讲，清洁能源主要指可再生能源。可再生能源在消耗之后能够恢复补充，是不存在能源耗竭的可能的。可再生能源是我们长久以来都在开发的能源，也是未来要着重开发的能源。常见的可再生能源有如下几种。

太阳能：太阳能是太阳照射所发出的能量，是太阳上的氢原子核发生聚变反应产生的，是地球上光和热的源泉。

风能：地球表面大量空气流动所产生的动能。

水能：水能是指水体的动能、势能和压力能等能量资源。

地热能：地热能是由地壳抽取的天然热能，这种能量来自地球内部的熔岩，并以热力的形式存在，是引致火山爆发及地震的能量。

海洋能：海洋能指依附在海水中的可再生能源，海洋通过各种物理过程接收、储存和散发能量，这些能量以潮汐、波浪、温度差、盐度梯度、海流等形式存在于海洋之中。

生物质能：生物质是指通过光合作用而形成的各种有机体，包括所有的动植物和微生物，生物质能就是太阳能以化学形式贮存在生物质中的能量形式，即以生物质为载体的能量。

从广义上来讲，清洁能源也包括一些非再生能源，例如核能。

已知的清洁能源虽然种类很多，但不少能源开采成本很高，且开采难度和风险也比较大。只有合理地开发和利用才能避免其中存在的一些危险因素。要想顺利地使用这些清洁能源，还需要进一步研究、提升开发技术。

团队任务

任务说明

结合一个国家的能源构成，介绍一种环保产品 / 服务的商业流程。

任务要求

1. 国家：团队中某个同学的国家。
2. 能源构成：借助图表说明能源的构成。
3. 产品 / 服务：可以自己设计（符合国情），也可以是现实存在的。借助图表说明“客户了解→购买→使用”的全过程。

任务步骤

分组	组成小组，确定组长、时间安排及分工等内容
查找资料	查找资料，分析这个国家的能源构成
选择产品 / 服务	选择符合国情的一种清洁能源 查找或设计与这种能源有关的一种环保产品或服务 了解或设计“客户了解→购买→使用”这种产品的整个流程
口头 / 书面报告	展示图表，说明这个国家的能源构成 用多种图表，介绍产品基本情况以及商业流程

第五单元　对外贸易

从下面的图片中你会联想到什么？

对外贸易的发展可以将一个国家的经济与世界经济紧密地联系起来，推动国家的经济发展和建设。对很多国家的经济来说，对外贸易是不可或缺的部分。

关于对外贸易情况的分析和观点常常需要数据和理论的支撑。数据和理论的应用有助于增强观点的可信度，加强观点的说服力。在本单元，我们将会围绕这一能力展开学习与训练。

能力项目	确定关于某个经济问题的观点和论据（权威专业数据、他人看法）
商务词语	～额、～度
专业知识	进出口、顺差、出口依存度
背景知识	中国对外贸易运行现状

第 9 课　中国的对外贸易

1 热　身

看图讨论

根据下面的图表，分析 A 市的进出口情况。

A 市对外贸易情况

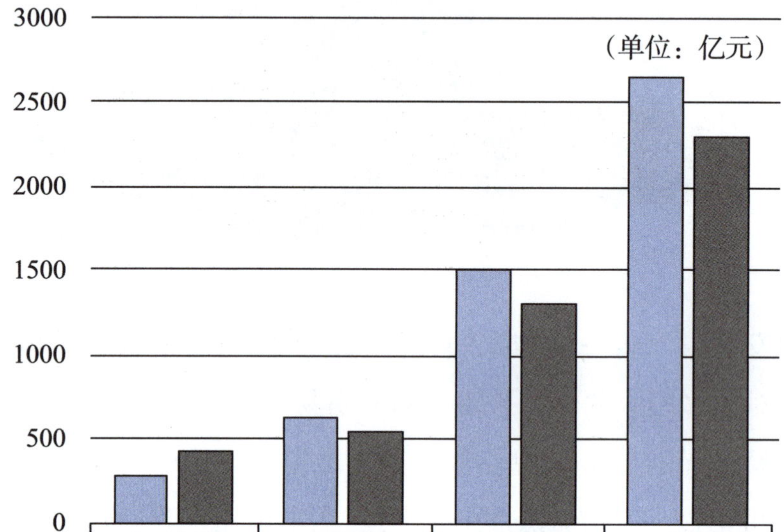

	十五年前	十年前	五年前	今年
出口额	274	621	1500	2650
进口额	423	534	1300	2300

2 课文

前三季度对外贸易情况 9-1

据海关统计，前三季度中国进出口总额 31.11 万亿元人民币，比上年同期增长 9.9%。其中，出口 17.67 万亿元，增长 13.8%；进口 13.44 万亿元，增长 5.2%。贸易顺差 4.23 万亿元，扩大 53.7%。按美元计，中国进出口总额 4.75 万亿美元，增长 8.7%。其中，出口 2.7 万亿美元，增长 12.5%；进口 2.05 万亿美元，增长 4.1%。贸易顺差 6451.5 亿美元，扩大 51.6%。

前三季度，一般贸易进出口 19.92 万亿元，占中国外贸总值的 64%，较上年同期提升 2.1 个百分点；其中，出口 11.3 万亿元，增长 19.3%。加工贸易进出口 6.27 万亿元，占 20.2%，比去年增长 3.4 个百分点；其中，出口 3.99 万亿元，增长 5.4%。一般贸易出口增速显著快于加工贸易，说明外贸企业自主开拓国际市场能力进一步增强，贸易方式继续优化。同时，民营企业出口 10.61 万亿美元，增长 19.5%，占出口总值的 60%，成为中国主要的出口主体。

前三季度，中国进口总体下降幅度较大。受国际大宗商品价格上涨的影响，中国大宗商品进口额全面下滑。其中，原油、成品油、大豆进口量分别下降 4.3%、13.9% 和 6.6%。海关总署公布的进出口指数显示，中国贸易条件指数持续提高，季度均值为 102。在海外通胀高企、大宗商品价格上涨的背景下，中国出口价格延续上涨的趋势，季均同比上升 13.4%，较上年同期上升 6.8 个百分点，而进口价格涨幅有所收窄，季均同比上升 11.4%，较上年同期回落 5 个百分点，贸易条件明显改善，对外贸易效益有所提升。

（改写自搜狐网政务频道，2022.10.26）

词语表

9-2

1.	总额	zǒng'é	名	（款项）总数。
		据统计，今年上半年中国货物贸易进出口总额达 20.1 万亿元人民币。		
2.	顺差	shùnchā	名	对外贸易上输出超过输入的贸易差额。反之为“逆差”。
		澳大利亚主要通过出售铁矿石和天然气等资源赚取贸易顺差。		
3.	一般贸易	yìbān màoyì		有进出口经营权的企业单边进口或单边出口的贸易。
		据统计，今年上半年，中国一般贸易进出口 13.16 万亿元人民币。		
4.	加工贸易	jiāgōng màoyì		通过各种方式进口原料、材料或零件，利用本国的生产能力和技术，加工成成品后再出口。
		今年上半年，我市加工贸易出口较去年同期实现两位数增长。		
5.	自主	zìzhǔ	动	自己做主。
		合同里写着“乙方在约定区域内自主开拓市场”。		
6.	开拓	kāituò	动	开辟；扩展。
		随着中国市场渐渐饱和，肯德基开始重新开拓北美市场。		
7.	民营企业	mínyíng qǐyè		广义指除国家和政府经营的各种企业之外的所有企业，狭义指个体和私营企业。简称“民企”。
		今年上半年，民营企业出口占比超过 50%。		
8.	主体	zhǔtǐ	名	事物的主要部分。
		今年上半年，民营企业出口占比超过外资企业，成为我省第一大出口主体。		
9.	大宗商品	dàzōng shāngpǐn		可进入流通领域，但非零售环节，具有商品属性，并用于工农业生产与消费使用的大批量买卖的物质商品。
		天然气、铁矿石等大宗商品价格可能进一步上涨。		

10. 下滑 xiàhuá 动 下降（多指成绩、质量等）。

近期油价出现了明显的下滑趋势。

11. 贸易条件指数 màoyì tiáojiàn zhǐshù 通过出口物价指数和进口物价指数相比而得到的一种相对指标。

与去年同期相比，今年上半年中国贸易条件指数略有提高。

12. 通胀 tōngzhàng 动 在纸币流通条件下，因货币供给大于货币实际需求，也即现实购买力大于产出供给，导致货币贬值，而引起的一段时间内物价持续而普遍地上涨的现象。

研究结果显示，通胀高企正在悄悄改变着人们的消费习惯。

13. 高企 gāoqǐ 动 （价格、数值等）持续停留在较高的位置。

近年来供需缺口推动该行业时薪增速高企。

14. 改善 gǎishàn 动 改变原有情况使好一些。

报告显示，百货行业转型见效，企业业绩明显改善。

3 练 习

一、辨字组词。

指（　　）
旨（　　）
脂（　　）

顺（　　）
硕（　　）
额（　　）

油（　　）
邮（　　）
抽（　　）

拓（　　）
估（　　）

署（　　）
暑（　　）

著（　　）
者（　　）

二、将下面的词语与对应的意思连起来。

进口额	销售货物收取的全部价款
出口额	商家销售产品或提供服务收取的全部价款
收益额	从国外向国内进口贸易的总值
交易额	从国内向国外出口贸易的总值
销售额	收益的全额
营业额	交易量或交易规模

语言知识

~额

“~额”是汉语中常见的结构，用来说明某方面的数量，经常用于经济领域，用来说明资金或物资的多少。

用于说明某方面的资金数量，例如：余额、总额、进口额、出口额、贸易额、交易额。

与某个特定数量有关的行为，例如：超额、定额。

三、选择恰当的词语，完成下面的句子。（注意与加点词语的搭配）

顺差	开拓	主体	下滑
高企	大宗商品	改善	自主

1. 据统计，2 月份出口总值同比出现超预期下降，贸易________大幅收窄。
2. 企业应加强自主创新，________开拓国际新兴市场。
3. 在全球传统贸易________的背景下，中国跨境电商交易规模却持续高速发展。
4. 今年来________价格有所回落。
5. 公司借助数字化建设及转型的机会，全面________市场。
6. 企业要真正成为技术创新的________。
7. 深交所的数据显示，创业板公司业绩明显________，上半年盈利大幅回升。
8. 通胀________加剧了企业的经营压力。

四、用指定的词语描述图片或图表。

1. 下滑、大宗商品

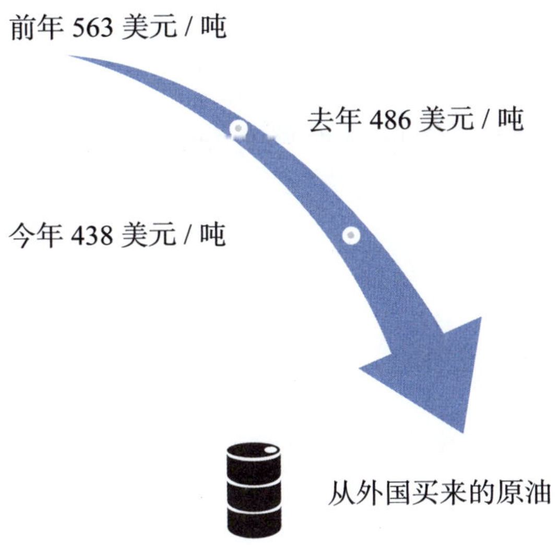

2. 外资企业、民营企业、主体

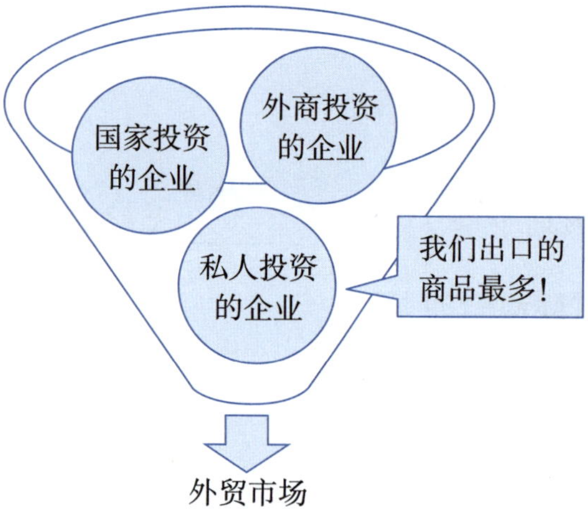

3. 总额、顺差

某市前三季度进出口情况

（单位：亿元）

进口总额	出口总额
1200	1500

五、找出下列句子的主干。

1. 前三季度中国进出口总额31.11万亿元人民币，比上年同期增长9.9%。
   主干：＿＿＿＿＿＿＿＿＿＿＿＿＿＿＿＿＿＿＿＿

2. 前三季度，一般贸易进出口19.92万亿元，占中国外贸总值的64%，较上年同期提升2.1个百分点。
   主干：＿＿＿＿＿＿＿＿＿＿＿＿＿＿＿＿＿＿＿＿

3. 受国际大宗商品价格上涨的影响，中国大宗商品进口额全面下滑。
   主干：＿＿＿＿＿＿＿＿＿＿＿＿＿＿＿＿＿＿＿＿

4. 原油、成品油、大豆进口量分别下降4.3%、13.9%和6.6%。
   主干：＿＿＿＿＿＿＿＿＿＿＿＿＿＿＿＿＿＿＿＿

5. 海关总署公布的进出口指数显示，中国贸易条件指数持续提高，季度均值为 102。

主干：____

六、将下面的句子改写为口语体。（加点的部分必须替换为口语词语）

1. 前三季度进出口总额比上年同期增长 9.9%。

____

2. 一般贸易出口增速显著快于加工贸易。

____

3. 在海外通胀高企、大宗商品价格上涨的背景下，中国出口价格延续上涨的趋势。

____

4. 贸易条件明显改善，对外贸易效益有所提升。

____

七、根据课文选择正确的答案。

1. 根据海关的统计，前三季度________比上年同期增幅最大。

A. 进出口总额　　B. 出口额

C. 进口额　　D. 贸易顺差

2. 课文中提到的主要的出口主体是________。

A. 外贸企业　　B. 外资企业

C. 民营企业　　D. 国内企业

3. 受大宗商品价格上涨的影响，________的进口量下降了。（多选）

A. 铁矿石　　B. 原油

C. 大豆　　D. 成品油

4. 大宗商品进口价格上涨的影响包括________。

A. 使中国大宗商品进口额下降

B. 使中国贸易条件指数走高

C. 降低了中国企业的生产成本

D. 改善了中国的贸易条件

5. 贸易条件指数持续提高，意味着________。

A. 出口物价指数大于进口物价指数

B. 出口物价指数等于进口物价指数

C. 出口物价指数小于进口物价指数

D. 无法测算

八、读后分析。

观点	作者的证明方式
前三季度的贸易情况是顺差	
一般贸易出口比加工贸易出口增加得快	
民营企业成为主要的出口主体	
前三季度中国进口总体下降幅度较大	

4 能力应用

语言能力 引用权威专业的数据来证明自己的观点

数据能够客观地证明我们对某一商业或经济问题的判断，增强观点的说服力。尤其是权威专业的机构或人士提供的数据，更能增强观点的权威性和可靠性。

经济领域比较权威的数据一般由各国政府部门（如商务部、海关总署、统计局等）以及相关国际组织发布，可以通过相关网站进行查找。专业的报刊、论文中也有比较专业的研究数据。经济指数、市场行情数据还可以通过针对专门市场的报纸、网站、电视频道进行查找。

引用数据是为了证明我们对某一问题的看法。因此，在引用数据之前或之后，我们常常会用一些词句引出作为结论的观点、看法。如：

由以上数据可以看出/推断……

由此看出，……

由此测算，……

这表明，……

数据显示，……

练习

一、将下列数据与对应的观点连起来。

数据
1. 加工贸易占进出口总值的比重由 1981 年的 6% 增长到 1998 年的 53.4%。
2. 加工贸易占比由 2012 年的 34.8% 下降至 2017 年的 29%，一般贸易占比由 2012 年的 52% 上升至 2017 年的 56.3%。
3. 1978 年，中国初级产品出口占 53.5%，工业制成品出口占 46.5%。而到了 2017 年，工业制成品和初级产品占出口的比重分别为 94.8% 和 5.2%。
4. 1978 年，中国的货物贸易规模只有 300 多亿元，其中出口额不足 170 亿元。而到了 1990 年，中国外贸的进出口额已达 5500 亿元。2009 年以后，中国已经成为全球第一大出口国。

观点
A. 中国对外贸易的产品结构在不断优化。
B. 改革开放初期，来料加工、进料加工等贸易方式极大地促进了中国对外贸易的发展。
C. 从全球贸易体系中积贫积弱的一员，跃升为世界货物贸易大国，中国的对外贸易出现了翻天覆地的变化。
D. 加工贸易在中国外贸中的占比开始缓慢下降，货物贸易结构出现调整和转型升级。

二、分析下列数据，提出你对当时的外贸情况的看法，注意用数据来证明你的观点。

进出口总额

（单位：万亿元）

时间	出口额	进口额
去年 1、2 月份	2.26	1.53
今年 1、2 月份	1.96	1.35

情景任务 研究与介绍对外贸易情况

角色：你是一个外贸新闻网站的记者。
情景：你准备报道你们国家近两年的对外贸易情况。

要求：

1. 查找数据，填入下面的表格中。

____________（国家）外贸情况

（单位：__________）

时间	出口额	进口额	进出口总额	出口额－进口额
去年				
今年				

2. 说明你对你们国家近两年贸易情况的看法，并用上面的数据加以证明。

第 10 课　地区对外贸易

1 热　身

听力理解

听后连线 10-1

根据录音，将下列地区 / 国家与其主要的出口产品连起来。（注意：一种产品可能对应多个地区 / 国家，一个地区 / 国家可能对应多种产品）

来源　　**美国美林银行**

地区 / 国家	出口产品
中东	宝石
非洲	服装
北美	木材
南美洲	汽车
欧洲	石油
印度	食品
蒙古	铜矿
日本	饮料
中国、韩国	钻石
缅甸、老挝	纺织品
越南、柬埔寨	贵金属
	电子产品

2 课 文

浙江省对外贸易逆势飘红 10-2

浙江省是出口大省，出口依存度比较高，出口对浙江省的发展至关重要。今年前三季度，全省外贸出口 2053.6 亿美元，在全国同期外贸出口总值下降 1.8% 的情况下，保持了增长态势，同比增长 1.1%。

今年以来，全省跨境贸易电子商务迅猛发展，前三季度实现出口 15.6 亿元，培育了出口的新增长点。

高新技术产品出口是今年浙江外贸的一大亮点。前三季度，高新技术产品出口同比增长 7%。高新技术产品和高端制造业产品的竞争力稳步提升，正在改变着浙江省的出口结构。

对外合作经济政策的实施以及中国高铁"走出去"，为不少浙江企业带来了巨大的市场发展空间。在义乌，"义新欧"班列已经实现常态化运营，去程每周至少 1 次，回程每月 1 次。运营方正在加快推进欧洲市场布局，并加强与国际物流巨头合作。在该趟国际班列的带动下，义乌对沿线国家和地区的外贸出口迅猛增长，今年 1 月至 8 月对克罗地亚、乌兹别克斯坦、斯洛文尼亚出口同比增长分别达 78.4%、59.9%、56.8%。

更多企业通过"走出去"开拓新的发展空间。来自湖州的一家电器公司将在印度投资两条年产 150 万台的洗衣机电机生产线，明年初投产。公司的孙总经理说，在海外建立生产基地，这种零部件国内生产、海外组装的模式，既避开了贸易壁垒，又培育了国际品牌，物流、仓储等成本也大大降低。申洲国际集团的马董事长也表示，企业通过在越南和柬埔寨设立生产基地，可以享受 TPP（跨太平洋伙伴关系协定）成员的关税优惠和欧盟市场的零关税优惠，极大地提升了企业的竞争力。

（改写自新华网浙江频道，2015.10.29）

词语表

10-3

1. 飘红 piāohóng 动 指股票等证券的价格普遍上涨。相反的是“飘绿”。

在世界经济增长放缓、全国茶叶出口受挫的大背景下，我省白茶出口却逆势飘红，茶企上半年白茶销售收入同比增长77%。

2. 态势 tàishì 名 状态和形势。

今年全省工业经济增长小幅回落，但总体继续保持良好的增长态势。

3. 跨境贸易 kuàjìng màoyì 国与国之间进行的商品和劳务交换。

这个软件能帮助商家管理跨境贸易的成本。

4. 培育 péiyù 动 培养。

该地区正在大力推动改革，着力培育新的经济增长点。

5. 亮点 liàngdiǎn 名 比喻有光彩而引人注目的人或事物。

多款节能型汽车亮相，成为本次车展的一大亮点。

6. 高端 gāoduān 形 等级、档次、价位等在同类中较高的。

这几款高端产品是本次消费品展会的一大亮点。

7. 布局 bùjú 名 分布的格局。

苏宁收购了迪亚中国，此举加速推进了“苏宁小店”在全国的布局。

8. 巨头 jùtóu 名 政治、经济界有较大势力、能左右局势的人。

IT巨头们加大了在智能语音技术领域的投入。

9. 生产线 shēngchǎnxiàn 名 指工业企业内部为生产某种产品设计的从材料投入到产品制成的连贯的工序，也指完成这些工序的整套设备。

京东在武汉投资了第二条智能液晶面板的生产线。

10. 投产 tóuchǎn 动 投入生产。

我市最大的垃圾处理项目年底将投产。

11. 基地 jīdì 名 作为某种事业基础的地区。

日前，宝能集团宣布计划投资400亿元，在西安建立第四个新能源汽车基地。

12. 组装 zǔzhuāng 动 把零件组合起来，构成部件；把零件或部件组合起来，构成器械或装置。

比亚迪公司为华为公司提供丰富的手机部件以及零部件的组装服务。

13. 贸易壁垒 màoyì bìlěi 为保护本国经济，一国对外国商品劳务进口所实行的各种限制措施。

在当地直接投资建厂不仅可以扩大市场规模，而且能够避开贸易壁垒。

14. 仓储 cāngchǔ 动 用仓库储藏。

集中存放货物可以节省仓储成本和运输成本。

15. 关税 guānshuì 名 国家对进出口商品所征收的税。

原产地证书作为出口货物的国籍证明，在货物海外通关、享受关税优惠中发挥着不可替代的作用。

专有名词

1. 义乌	Yìwū	中国浙江省中部的一个城市。
2. “义新欧”班列	“Yì-Xīn-Ōu” Bānliè	一条全长13000多公里的铁路线，从中国义乌出发，经新疆出境，途经哈萨克斯坦、俄罗斯、白俄罗斯、波兰、德国、法国，最终抵达西班牙首都马德里。
3. 克罗地亚	Kèluódìyà	Croatia，位于欧洲南部。
4. 乌兹别克斯坦	Wūzībiékèsītǎn	Uzbekistan，位于中亚。
5. 斯洛文尼亚	Sīluòwénníyà	Slovenia，位于欧洲中南部。
6. 湖州	Húzhōu	中国浙江省北部的一个城市。
7. 越南	Yuènán	Vietnam，位于东南亚。
8. 柬埔寨	Jiǎnpǔzhài	Cambodia，位于东南亚。
9. TPP		跨太平洋伙伴关系协定，是重要的国际多边经济谈判组织。

3 练 习

一、辨字组词。

端（ ）	倍（ ）	讯（ ）	镜（ ）
瑞（ ）	赔（ ）	迅（ ）	境（ ）
喘（ ）	培（ ）		

二、将下面的词语与对应的意思连起来。

出口依存度	人们对客观环境从生理与心理方面所感受到的满意程度
感知度	精致、细腻的程度
透明度	一个国家或地区的国民经济对出口贸易的依赖程度
舒适度	人们对事物的认知程度
精细度	透明的程度
承受度	个人能够承受的限度

语言知识

~度

“~度”常用于表示时间段、程度等级，或与行为、状态有关的程度。

表示时间段，例如：季度、年度。

表示程度等级，例如：轻度、中度、重度。

表示动作行为的程度，例如：依存度、承受度、倾斜度、跨度。

表示特征状态，例如：舒适度、亮度、精细度、透明度。

三、选择恰当的词语，完成下面的句子。（注意与加点词语的搭配）

高端	态势	培育	关税	基地
飘红	生产线	亮点	投产	巨头

1. 该企业投资了 100 万元引进了一条产品加工________。
2. 这是一款全新的________产品，从设计到材料都非常出众。
3. 新能源汽车产业呈现出高速增长的________，代表着汽车工业产业结构调整的一个方向。
4. 海关对来自与本国签订自由贸易协定的国家的商品实施________优惠。
5. 华为是电信设备行业中的________。
6. 本届展会以“互联网＋你的家”为主题，众多智能化产品的齐聚无疑成为现场的一大________。
7. 从去年起，长沙市开始逐步建立豆制品集中生产加工________。
8. 中国正在大力________支柱产业和新的经济增长点。
9. 新政策提升了投资人的信心，证券市场全面________。
10. 公司的生产车间已正式在这个新区落成________。

四、用指定的词语描述图片或图表。

1. 亮点、跨境贸易

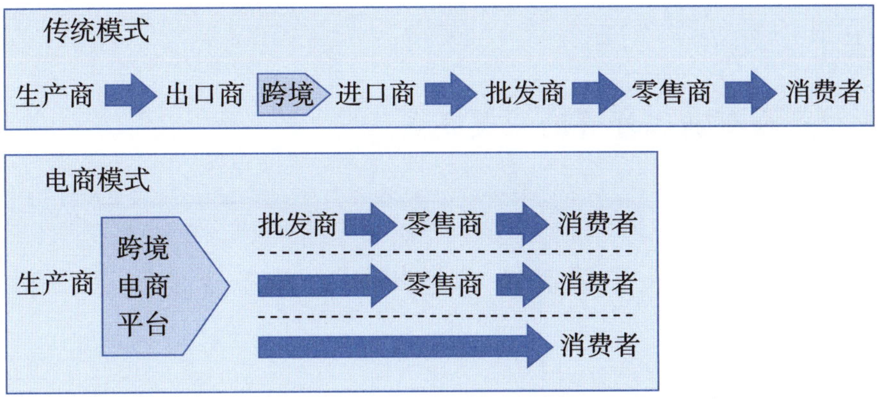

2. 布局、培育

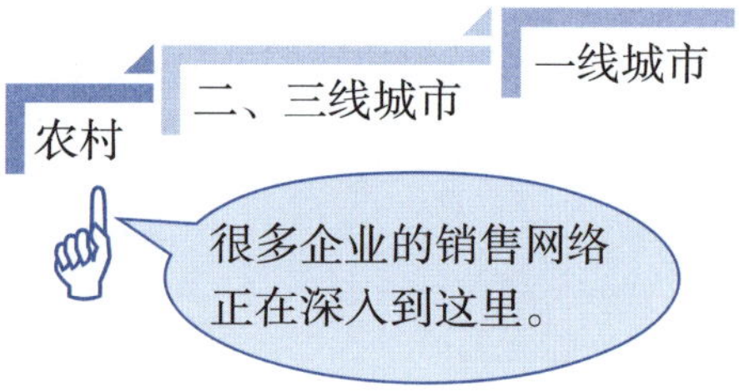

3. 巨头

EXPRESS
顺丰速运

京东物流
JD Logistics

4. 态势、飘红

五、找出下列句子的主干。

1. 高新技术产品出口是今年浙江外贸的一大亮点。

主干：______________________________

2. 对外合作经济政策的实施以及中国高铁“走出去”，为不少浙江企业带来了巨大的市场发展空间。

主干：______________________________

3. 运营方正在加快推进欧洲市场布局，并加强与国际物流巨头合作。

主干：____

4. 这种零部件国内生产、海外组装的模式，既避开了贸易壁垒，又培育了国际品牌，物流、仓储等成本也大大降低。

主干：____

六、将下面的句子改写为口语体。(加点的部分必须替换为口语词语)

1. 浙江省是出口大省，出口依存度比较高，出口对浙江省的发展至关重要。

____

2. 高新技术产品出口是今年浙江外贸的一大亮点。

____

3. 在该趟国际班列的带动下，义乌对沿线国家和地区的外贸出口迅猛增长。

____

4. 更多企业通过“走出去”开拓新的发展空间。

____

5. 企业通过在越南和柬埔寨设立生产基地，可以享受TPP成员的关税优惠和欧盟市场的零关税优惠，极大地提升了企业的竞争力。

____

七、根据课文选择正确的答案。

1. 今年前三季度，全国和浙江的外贸出口额如何变化？(　　)

A. 全国的增长，浙江的也增长　　B. 全国的增长，浙江的却下降

C. 全国的下降，浙江的也下降　　D. 全国的下降，浙江的却增长

2. 下面哪些因素改变了浙江的出口结构？(多选)(　　)

A. 高新技术产品　　B. 高端制造业产品

C. 物流运输　　D. 文中没有说

3. 什么使浙江企业获得了新的市场？（多选）(　　　)

A. 经济政策　　　　B. 高铁的建设

C. 与物流公司合作　　　　D. 出口迅猛增长

4.“义新欧”班列起到了什么作用？(　　　)

A. 使高铁运营常态化　　　　B. 与物流公司合作

C. 使出口快速增长　　　　D. 加快欧洲市场布局

5. 对企业来说，在海外建立生产基地有哪些好处？（多选）(　　　)

A. 打造国际品牌　　　　B. 降低环节成本

C. 绕开贸易壁垒　　　　D. 得到关税优惠

八、读后分析。

分析一下作者是如何证明下列观点的。

观点一　浙江省对外贸易“逆势飘红”。

观点二　浙江省对外贸易的亮点是高新技术产品的出口。

观点三　“走出去”有利于浙江企业发展。

4 能力应用

语言能力 引用相关人士的看法来证明自己的观点

专业人士对相关领域往往有长期深入的观察研究，如研究机构的学者、商业机构的研究员、专业媒体的记者，以及相关管理部门的工作人员。业内人士在相关行业有实际经历，了解相关行业的实际情况，比如企业经营者、公司管理者、企业员工、行业协会成员等。

写作经济类文章，以相关专业人士和业内人士的观点作为论据，可以增强文章的说服力。而阅读经济类文章，也可以通过作者所引用的观点，来进一步理解作者的看法。

在引用他人观点时，常用的动词有“指出、表示、认为、说”等。如：

宏观经济研究院院长指出，……

XX 公司孙总经理说，……

有业内人士对记者表示，……

更多业内人士认为，……

在这位教授看来，……

据现场销售人员介绍，……

……中资企业的美国员工如是说。

练习

一、找出下列句子中引用他人观点时使用的词语。

据一家从事塑料制品出口的外贸公司的业务主管介绍，因为近年来原料价格上涨，塑料制品又属于劳动密集型产品，竞争非常激烈，退税下调 4%，基本就无利可图了。

通用电气前首席执行官杰克·韦尔奇曾说：“最近 20 年我常常到中国去，每一次到那儿我都笑自己上一次知道得太少。这个地方这么大，这么复杂，我真搞不懂。”

“降低退税率会有阵痛，也会死掉一批企业，但是应该不会影响中国出口产品的绝对竞争力。”一位从事外贸十数年的资深人士如是说。

在阿里巴巴的创始人马云看来，市场的变化永远走在前面，它深不可测。而企业只有不断地求变才不会被淘汰。

二、上面练习中各位人士的看法分别证明了下面哪个观点。

观点一

随着科技的发展，近几年出现了像电视购物、网络购物之类的新一代的营销方式，比如，QQ空间和中国移动、蒙牛、大众汽车等品牌合作的“品牌空间”营销策略，就获得了很好的市场效果。他们利用网络媒体个性化、可互动的优势，让网络用户成了“病毒营销”的传播者。这也是全球营销的趋势之一。

观点二

想在中国的市场上获得成功，并不是一件容易的事情。中国市场有几个特点，外国投资者必须了解。第一，虽然潜力巨大，但是情况复杂。第二，中国市场的变化速度常常让外国企业感到吃惊。

观点三

调低部分商品出口退税率，会淘汰一些纯“中介型”的小型外贸公司以及生产低利润产品的外贸企业，迫使企业从薄利多销的低层次竞争，转向高附加值、高技术含量的高层次竞争，从而促使产业升级。

观点四

大规模的出口退税率向下调整，结果可谓惨烈。竞争激烈的出口产品，利润率只有2%左右，退税下调会直接导致出口亏损。行业里出现悲观情绪，有的企业准备裁员，或转向投资其他领域。

情景任务　撰写商业提案

角色：你在某外贸公司工作，主要负责进出口业务。

情景：你准备建议公司开展新业务，从事某种产品的对外贸易。

要求：

1. 选择一种你认为有价值的产品。
2. 引用相关人士的观点证明这个市场有商业机会。
3. 查找相关数据证明你的观点。
4. 写一份简短的书面报告给公司领导。

5 扩展阅读

问题

1.“入世”20 年，中国在对外贸易领域取得了巨大成就，表现在哪些方面？

2. 世贸组织成员共同的责任是什么？

“入世”20 年，中国对外贸易量质齐升

“入世”20 年来中国在对外贸易领域取得巨大成就，在促进中国经济强劲发展的同时，为世界各国带来了重要机遇。

首先从对中国经济的促进作用来看，20 年来，中国外贸依存度长期保持在 30% 以上，凸显了外贸增长对中国经济发展的重要贡献。2001 年，按照当年进出口总额和名义 GDP 计算的外贸依存度为 38.1%，随后几年逐年上升，2006 年达到 64.2% 的历史最高点。在这期间，为了控制市场流动性过快增长引发的高通胀和房地产过热的问题，中国采取了适度紧缩的宏观经济政策，确立了促进国际收支基本平衡的政策目标。外贸出口增长趋于平缓，贸易收支失衡的情况得到逐步改善，中国经济的外贸依存度也回归合理区间，基本保持在 30% ～ 40% 的水平上，在发挥贸易增长“引擎”作用的同时，通过实施贸易收支平衡政策为宏观经济稳定做出了积极贡献。另外，每年的外贸顺差属于货物与服务净出口项下的市场需求，可直接计入支出法 GDP 的组成部分。20 年来，依托较强的国际竞争优势，中国对外贸易长期保持顺差，贸易顺差占名义 GDP 的比重平均达到 3.6%。这意味着外贸净出口每年会为名义 GDP 多带来 3.6 个百分点的增长。进出口商品结构的不断优化对于推动中国国内产业结构优化升级也发挥了十分重要的影响。

其次从对世界经济增长的作用来看，20 年来中国对外贸易总额占全球比重从 4.1% 提高到 13.3%。根据 WTO 贸易统计计算，20 年来，全球货物贸易累计增长了 1.8 倍，其中由于中国出口、进口增长因素拉动，全球出口和进口分别增加了 0.4 和 0.3 倍，贡献率高达 20.8% 和 16.8%。中国成为促进全球贸易繁荣不可或缺的力量。尤其重要的是，中国的开放为世界许多国家提供了出口和经济增长的重

要机遇。2020 年中国进口总额达到 2.07 万亿美元，比 2001 年增加了 7.5 倍。同期，全球中国以外国家出口累计增长了 1.51 倍，其中，因为中国进口增长导致这些经济体出口净增 0.52 倍，中国进口增长对贸易伙伴出口增长的贡献率高达 20.6%。中国海关统计的计算结果表明，20 年来，中国进口需求累计为其他经济体创造了 26.3 万亿美元的出口收益，相当于同期这些经济体的名义 GDP 累计总额的 2.6%。中国在全球供应链中的角色已经发生了深刻变化，既是全球贸易和经济增长的“引擎”，也是世界经济波动的“稳定器”。

当前，全球经济复苏仍然面临着很多不确定性，经济全球化逆流汹涌的局面尚未根本改善。坚持多边主义，积极推动世贸组织的必要改革和新议题谈判，维护多边机制的权威性和有效性，这是世贸组织成员共同的责任。

团队任务

任务说明

研究某地区的外贸“亮点”。

任务要求

1. 选择一个地区（国家 / 城市）。
2. 通过相关数据和观点说明这一地区主要的进出口产品及贸易情况、能作为一大亮点的外贸产品、这个亮点市场对当地企业的影响。

任务步骤

步骤	内容
分组	组成小组，确定组长、时间安排及分工等内容
选择地区	选择一个国家 / 城市
收集信息	收集这一地区近三年的外贸数据 整理相关人士的研究、观点
提炼观点	了解这一地区主要的进出口产品及贸易情况（顺差 / 逆差） 从出口产品中找出增长较快的“亮点”产品 分析这个“亮点”市场中企业的整体情况（经营、盈利、困难等）
口头 / 书面报告	这一地区的进出口总体情况 亮点市场及其影响 附上资料出处

第六单元　本土化

你熟悉的快餐品牌有哪些？你在国外吃过这些品牌的快餐吗？与你们国家的有什么不同？这反映出企业的什么经营策略？

跨国企业的本土化是一个商业热点话题。在阅读相关材料时，你能理解相关的评论、研究是从哪些角度出发的吗？你能从中发现作者的态度和立场吗？

评论性的商业信息都有特定的出发点和态度，在理解和表达的过程中必须明确角度和立场。在本单元，我们将围绕这一能力展开学习与训练。

能力项目	确定商业评论的角度和立场
商务词语	～化、～性
专业知识	跨国公司、国际投资
背景知识	跨国公司的本土化策略

第 11 课　行业本土化

1 热　身

小组活动

说出下列企业的中文名字，并根据行业对其进行分类。

DELL　UPS　COMPAL 仁寶電腦　EY Building a better working world

hp®　FedEx® Express　KPMG

FOXCONN®　ORACLE®

Symantec™　TEXAS INSTRUMENTS

服务业	金融服务业	电子信息制造业

2 课 文

海外服务业大举进军中国市场 11-1

随着中国低成本优势的逐渐丧失，服装、汽车、玩具等行业的不少跨国公司开始调整全球布局，将生产线撤离中国，向东南亚地区转移。但同时也有不少服务业、金融业等行业的跨国公司择机进入中国市场。

业内人士认为就快递服务业来看，几大国际快递巨头一直有意收购中国大型民营快递公司，一旦中国民营快递公司中的任何一家被收购，其业务网点与员工将为之所用。届时国际快递巨头在中国国内的网络就可以立即铺开，并与国际网络相连。

就金融业而言，本土化也是必须而且已经在积极进行中的事。毕马威华振会计师事务所是国际四大会计师事务所中首个转为合伙制的企业。按政府规定，它必须有 100 名以上的中国注册会计师，这意味着会计师事务所的员工也要“本土化”。安永华明会计师事务所的合伙人张耀樑向媒体透露，目前安永华明审计部的中国内地员工占 96% 以上。这不仅是因为政策的要求，更多的是市场使然。

此外，对技术要求较高的电子信息制造业的一些企业选择把厂房迁到中国中西部。成都、重庆已经迎来了一些国际 IT 巨头的入驻，为这些企业代工的相关企业也接踵而至。几家跨国科技企业还把研发中心设在了成都。

专家表示，从动态发展的宏观角度来看，跨国公司的产业转移一般遵循先制造业后服务业，然后是研发中心的变化规律。劳动力成本上升，一方面导致一些外资制造业撤离中国，另一方面也意味着中国人的收入不断增加。对外资服务业来说，这也意味着中国将有更大的市场。

（改写自新华网浙江频道，2012.7.23）

词语表

11-2

1. 进军 jìnjūn 动 军队向目的地前进，也指人们向某个目标前进。

华为、小米等中国智能手机正在加速进军全球市场。

2. 丧失 sàngshī 动 失去。

由于能源价格波动，澳大利亚能源企业稳定廉价的能源优势正逐渐丧失。

3. 撤离 chèlí 动 撤退；离开。

硬件初创公司似乎在前一分钟内纷纷涌入硅谷，而在后一分钟又迅速撤离那里。

4. 收购 shōugòu 动 从各处买进。

小林制药将收购中国制药公司，为进军中国市场铺路。

5. 网点 wǎngdiǎn 名 像网一样成系统地分设在各处的商业、服务业单位。

一位企业财务人员在招行的业务网点使用"开户易"服务后，对这项服务的便捷性赞不绝口。

6. 本土化 běntǔhuà 为适应目标市场而做出相关行为。

为满足中国消费者的需求，宝洁公司加大了产品研发的本土化，推出了一系列本土化产品。

7. 事务所 shìwùsuǒ 名 专门经营某种业务的机构或处所。

很多事务所的工作主要是接受他人的委托，比如会计师事务所、律师事务所、设计师事务所等等。

8. 合伙制 héhuǒzhì 由两个或两个以上的个人共同拥有企业的组织形式。

财政部对有限责任会计师事务所转为合伙制会计师事务所做出了具体规定。

9. 透露 tòulù 动 泄露（信息、消息、意思等）。

PSA首席执行官唐唯实向媒体透露，公司旗下5大品牌将在全球范围内提供40款电动车型。

10. 入驻	rùzhù	动	军事或商业组织机构进入，并长期待在某个区域。
	越来越多的外资品牌纷纷入驻阿里巴巴网站。		
11. 代工	dàigōng	动	按照客户厂商的要求，代为加工、生产。
	我们以前主要是为知名企业代工，今年是自己做品牌的第一年。		
12. 研发	yánfā	动	研制开发。
	苹果公司在中国的北京、深圳、上海和苏州设立了四个研发中心。		
13. 遵循	zūnxún	动	依照已知的规律、程序进行活动。
	社会发展必须遵循经济规律和自然规律。		

专有名词

1.	毕马威华振会计师事务所	Bìmǎwēi Huázhèn Kuàijìshī Shìwùsuǒ	KMPG，国际知名会计师事务所。
2.	安永华明会计师事务所	Ānyǒng Huámíng Kuàijìshī Shìwùsuǒ	Ernst & Young，国际知名会计师事务所。

3 练 习

一、辨字组词。

择（　　）　迁（　　）　住（　　）
泽（　　）　纤（　　）　驻（　　）
译（　　）　阡（　　）　柱（　　）

盾（　　）　梯（　　）　失（　　）
循（　　）　递（　　）　夫（　　）

二、选词填空。

本土化　智能化　国际化　自动化　标准化

1. 中国企业将加速________，尤其需要具有全球视野的人才。
2. 为了更好地适应中国市场，宝马公司大力推进________策略。
3. 随着________发展的浪潮，智能家居已成为行业发展的趋势。
4. 公司会加大________生产的投入，逐步提高人均产出。
5. 汉译达公司全面推进安全质量________工作，提高安全管理的统一性。

语言知识

~化

"~化"是汉语中常见的动词性结构，用来说明某种性质和状态的变化。

单音节词语 + "化"，例如：绿化、美化、丑化、强化。

双音节词语 + "化"，例如：自动化、国家化、军事化、智能化。

三、选择恰当的词语，完成下面的句子。（注意与加点词语的搭配）

进军　撤离　网点　入驻　遵循
研发　丧失　代工　收购

1. 韩国零件供应商 Myongshin 从 2021 年起开始为拜腾公司________，为其生产首款纯电动车型 M-Byte。
2. 中国邮政储蓄银行的业务________基本覆盖到市县，可为企业客户提供金融、邮务和速递、物流等全方位的服务。
3. 特斯拉从高端市场转而________大众市场，这将改变其生产方式、目标顾客，以及所要面对的竞争对手。
4. 根据彭博社的数据，全球投资者正在以最快的速度________印度股市。
5. 日本宣布已成功________出全球首辆无需电池驱动的电动汽车。
6. 中国制造业虽然已经逐步告别“代工工厂”，但仍未________其在生产方面的优势。
7. 北汽新能源近年来一直________技术创新的规律，脚踏实地一步一个脚印地实现创新、发展。
8. 北京正在成为越来越重要的国际时尚地标，很多国际品牌相继________这里。
9. 为弥补在软件方面的不足，罗技公司出资 8.4 亿元，________了直播软件开发商 StreamLabs。

四、用指定的词语描述图片或图表。

1. 入驻、进军

2. 收购、代工、丧失、透露

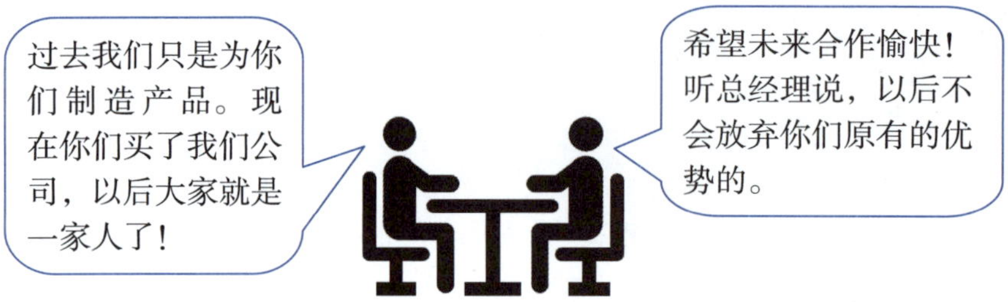

3. 本土化、遵循、进军

五、找出下列句子的主干。

1. 随着中国低成本优势的逐渐丧失，服装、汽车、玩具等行业的不少跨国公司开始调整全球布局，将生产线撤离中国，向东南亚地区转移。

   主干：____

2. 几大国际快递巨头一直有意收购中国大型民营快递公司。

   主干：____

3. 此外，对技术要求较高的电子信息制造业的一些企业选择把厂房迁到中国中西部。

   主干：____

4. 跨国公司的产业转移一般遵循先制造业后服务业，然后是研发中心的变化规律。

   主干：____

六、将下面的句子改写为口语体。（加点的部分必须替换为口语词语）

1. 不少服务业、金融业等行业的跨国公司择机进入中国市场。

____

2. 几大国际快递巨头一直有意收购中国大型民营快递公司。

____

3. 一旦中国民营快递公司中的任何一家被收购，其业务网点与员工将为之所用。

____

4. 届时国际快递巨头在中国国内的网络就可以立即铺开，并与国际网络相连。

____

5. 这不仅是因为政策的要求，更多的是市场使然。

____

6. 为这些企业代工的相关企业也接踵而至。

____

七、根据课文判断正误。

1. 制造业的很多跨国公司离开了中国和东南亚。（　　）
2. 非制造业的很多跨国公司来到中国。（　　）
3. 国际快递巨头已经收购了中国的民营快递公司。（　　）
4. 国际快递巨头在中国国内的网络已经铺开。（　　）
5. 政策要求毕马威转制后，必须有本土的员工。（　　）
6. 安永华明员工本土化的主要原因有两个。（　　）
7. 一些跨国公司跟着为它们代工的企业搬到了中国中西部。（　　）
8. 一些跨国科技企业也把厂房搬迁到了中西部。（　　）

9. 跨国公司在中国的产业转移是先从服务业开始，而后发展到了制造业。（　　）

10. 劳动力成本上升使跨国公司都撤离了中国。（　　）

八、读后分析。

1. 根据课文填表。

角　度	在中国市场的情况
________行业	
________行业	
________行业	
________行业	

2. 回答问题。

（1）跨国公司在中国的产业转移有什么规律？

____

____

（2）作者是否看好中国市场？

____

____

4 能力应用

语言能力　确定商业评论的角度

商业评论里的观点都是从特定出发点思考后的结果，这个出发点就是商业评论的角度。常用的引出评论角度的句式如：

（1）就快递服务业来看，几大国际快递巨头这几年一直有意收购中国大型民营快递公司，一旦中国民营快递公司中的任何一家被收购，其业务网点与员工将为之所用。

（2）就金融业而言，本土化也是必须而且已经在积极进行中的事。

（3）从动态发展的宏观角度来看，跨国公司的产业转移一般遵循先制造业后服务业，然后是研发中心的变化规律。

商业评论是一种逻辑性很强的语言表达行为，常常会涉及与话题相关的原因、结果、措施、趋势等问题，评论的角度也会体现在其中。如本书第二课的课文讨论延迟退休问题，反对者在说明原因、结果的句子中表明了自己思考的出发点；而支持者在分析趋势、结果的句子中，体现了自己的角度。

反对者
（4）……我对延迟退休就持反对意见了。我现在的工作很辛苦，所以我想早点儿退休。
（5）如果延迟退休，会加剧年轻人的就业压力。
（6）（如果）采取“延退”的办法，（那么）要85年才能填满个人养老金账户的缺口。

支持者
（7）延迟退休是必然的趋势。
（8）提高退休年龄未必会增加年轻人的就业压力。
（9）相对于其他办法来说，提高退休年龄是较为可行的方案之一。

练习

一、找出下面句子中说明评论角度的语句。

1. 劳动力成本上升，意味着中国人的收入不断增加。对外资服务业来说，这也意味着中国将有更大的市场。
2. 就目前婴儿推车市场的格局来看，除了中国本土品牌地位强势外，海外品牌也开始加速进军中国市场，并逐渐凸显出优势来。
3. 布鲁克街上的古典建筑和鹅卵石街道让人联想起维多利亚时代的伦敦。对于那些每天都要挤公交上班的人而言，这是一个比现实更浪漫的伦敦。不少知名品牌也正是因此选择在这里开店。
4. 在科思创首席执行官施乐文看来，任命雷焕丽为中国区总裁，是科思创推进本土化的一个里程碑。但对雷焕丽来说，要完成这样的使命并不容易。上任伊始，她便面临公司业绩下滑的现实。

二、下列各段话从什么角度分析了企业的本土化策略，其中提到的具体的策略是什么？

A	必胜客在中国能拥有今天的成绩，是因为他们真正理解了消费者的需求，从而找到了适合中国市场的商业模式。必胜客努力做到永远走在消费者需求变化之前，引导甚至是开发消费者的潜在需求。顾客需要什么样的美食、就餐环境和体验，是必胜客 20 多年来一直探索的课题，也是其创新的动力。
B	必胜客以前 70% 的原料依靠进口，现在本土采购的份额已经占到了 95%。正是由于本土采购，原料的新鲜度大大提升，物流及采购成本则大幅下降，必胜客得以降价回报消费者，并在此基础上开发了一系列的适应本土口味的产品。

C	必胜客希望通过比萨与中国饮食文化的结合来满足本土消费者的需求。他们在四川推出了“蜀中大将比萨”，从选料和口味上考虑了四川消费者的需求。“秘制叉烧”类的菜品则借鉴了粤菜中的取材和技艺。飘香茉莉花茶、蜂蜜雪梨茶等一系列茶饮品，也都是根据中国消费者的喜好而推出的。
D	人力资源方面，必胜客实现了高层管理人员本土化，这对化解文化冲突、促进有效合作具有重要的作用。而中层管理人员（如店长）则是经过长期的考察从本土店员中选拔出来的。他们拥有丰富的品牌知识与经验，对于自家的产品服务十分熟悉，同时拥有一定的管理能力，能顺利开展一家直营店的日常管理工作。
E	就中国必胜客的广告宣传而言，凡是有人物形象出现的广告，大部分都是由本土普通消费者来代言。从广告效果来看，采用本土普通消费者代言更亲民，更能代表必胜客的消费群体，体现了本土消费市场的特点。
F	必胜客的店面设计不仅考虑了中式建筑外观，还有部分店面的装饰元素也实现了本土化。例如必胜客三亚店的装饰运用了热带地区常见的露台、阳伞、椰树、芭蕉等元素；而必胜客丽江店在设计上结合了当地的民族风情特色，建筑外观是古老的纳西族木屋，内部的梁架和窗户装饰手法都采用木雕，其装饰为简单的几何图纹。

A	B	C	D	E	F
角度______	角度______	角度______	角度______	角度______	角度______
做法	做法	做法	做法	做法	做法

情景任务 研究跨国公司的本土化策略

角色： 你最喜欢的一家中国餐厅聘请你担任经理，负责管理该餐厅在你们国家的所有分店。

情景： 你需要了解中国餐饮企业在你们国家如何实现本土化。

要求：

1. 确定你打算研究的中国餐厅：

我研究________________________

2. 从以下角度中至少选择三个，分析这家企业在这些方面的本土化程度。

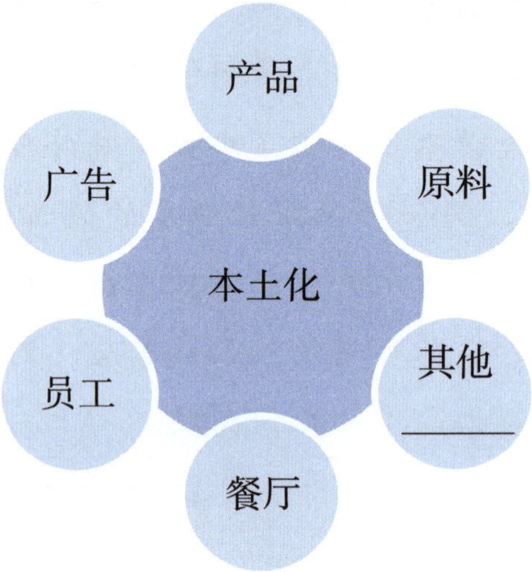

3. 准备一份 2 ～ 3 分钟的发言稿，报告你的研究结果。

第 12 课　跨国公司的海外本土化

1 热　身

听力理解

听后填表 12-1

听后写出下列品牌在哪些方面采用了本土化策略。

国外餐饮品牌	本土化策略
麦当劳	例：员工本土化
肯德基	
必胜客	

2 课 文

国际餐饮巨头在华遇瓶颈 12-2

近日，棒约翰宣布将出售其直营的中国业务。这是今年继百胜集团之后第二家在华放弃直营模式的跨国连锁餐饮企业。

说起比萨，很多中国消费者首先想到的就是必胜客。事实上，棒约翰很早就已经在全球拥有3400多家餐厅，市场地位远胜于必胜客。但在中国市场上，棒约翰却走得异常艰难。专家认为，棒约翰在中国市场陷入困境的根源，在于产品的本土化以及创新不足。“可能是它太专注于做比萨了，其他菜品开发得少。不像必胜客，什么都有，而棒约翰就比萨好吃，所以不喜欢吃比萨的人就不会光顾。”

中国庞大的市场对于任何一家国际公司都具有强烈的吸引力，据不完全统计，世界500强企业中有490家已在中国投资。对于跨国企业来说，“国际化”和“本土化”是一个问题的两个方面，实现国际化是终极的战略目标。为达到这一目标，企业必须适应各国目标消费者的差异性需求，最大限度地实现国际化与本土化的结合。

棒约翰此次变革很大程度上源于其本土化经营的不顺利。这也就意味着谁更了解市场，谁更熟悉目标市场的文化习俗，谁就能在激烈的市场竞争中占据领先地位。事实上，从产品的细分市场来看，为了迎合不同社会和文化对产品的不同需求，跨国企业必须研究当地社会和文化，开发当地市场所需的产品。

专家表示，本土化是企业在开展跨国营销和经营活动时必须考虑的重要问题。企业应按照地理位置、国籍、传统文化、生活方式等标准来细分国际市场，重视市场需求的差异性，努力适应各国的市场环境，奉行“多国设计、多国生产、多国销售”的新营销思路。

（改写自新华网，2015.12.8）

词语表

12-3

1. 瓶颈　píngjǐng　名　比喻事情进行中容易发生阻碍的关键环节。
企业发展初期往往都会遇到资金不足的瓶颈。

2. 直营　zhíyíng　总公司直接投资经营。
在经营模式上，顺丰快递采取的是直营模式。

3. 连锁　liánsuǒ　形　一环扣一环，像锁链一样连续不断的。
为了吸引中国游客，跨国连锁酒店纷纷推出针对中国游客的特别服务。

4. 陷入　xiànrù　动　落在（不利的境地）。
由于产品研发跟不上，这家企业的经营近年来陷入了困境。

5. 困境　kùnjìng　名　困难的处境。
裁员、股价大跌、核心业务表现不佳……这家企业能走出困境吗？

6. 根源　gēnyuán　名　使事物产生的根本原因。
这个服饰品牌的衰落虽然有外部经济大环境的影响，但根源在于产品缺乏创新。

7. 创新　chuàngxīn　名　创造性；新意。
金融业的问题不是过热或发展不足，而是创新不足。

8. 庞大　pángdà　形　（形体、组织或数量等）很大。
中国是一个庞大的市场，吸引了千千万万的外资企业进驻。

9. 限度　xiàndù　名　范围的极限；最高或最低的数量或程度。
公司希望通过规范管理，最大限度地消除生产方面的安全隐患。

10. 占据　zhànjù　动　用强力取得或保持（地域、场所等）。
中小型制造和科技公司在A股市场即将上市的新股中占据主导地位。

11. 领先　lǐngxiān　动　水平、成绩等处于最前列。
调查显示，该公司在当地日用品零售市场一直处于领先地位。

12. 细分市场　xìfēn shìchǎng　把某一产品的市场整体划分为若干消费者群的市场分类过程。
报告显示，不同细分市场车型的用户偏好与评价存在较大差异。

13.	奉行	fèngxíng	动	遵照实行。 该公司一直奉行以研发带动生产的发展战略。
14.	思路	sīlù	名	思考的线索。 公司一贯奉行依法合规的经营思路和理念，严格遵守各项法律法规、行业规范以及诚实守信的职业道德。

专有名词

1.	棒约翰	Bàng Yuēhàn	Papa John's，来自美国的餐饮品牌，主打比萨产品。
2.	百胜集团	Bǎishèng Jítuán	Yum! Brands，全球大型餐饮集团之一。
3.	必胜客	Bìshèngkè	Pizza Hut，百胜餐饮集团旗下的比萨专卖连锁企业。

3 练 习

一、辨字组词。

陷（ ）　际（ ）　奉（ ）

馅（ ）　标（ ）　泰（ ）

掐（ ）　示（ ）　秦（ ）

颈（ ）　锁（ ）　庞（ ）

项（ ）　琐（ ）　废（ ）

二、将下面的词语与对应的意思连起来。

差异性	大多数事物具有的或常见的性质或属性
理性	两个或一组事物之间相互区别的性质
稳定性	做出理智的分析和判断的能力
可行性	事物具有的不易变化的性质特点
普遍性	（方案、计划）所具有的可以实施的特性

语言知识

～性

“性”可以表示物质所具有的性质、性能，例如：母性、慢性、油性、理性。

“性”还可以做后缀，加在名词、动词或形容词之后构成抽象名词，表示事物的某种性质或性能，例如：代表性、流行性、普遍性。

三、选择恰当的词语，完成下面的句子。（注意与加点词语的搭配）

瓶颈	连锁	困境	庞大
限度	奉行	领先	根源

1. 因为看好中国这个________的市场，一些国际知名咖啡连锁品牌纷纷进入中国。
2. 资金和人员短缺成为影响公司发展的________。
3. 西安天然气公司启动应急预案，最大________地保障居民生活用气不受影响。
4. 根据新规定，________企业可以不再办理分支机构登记，从而大大节省了办理营业执照的时间，提升了网点扩张的速度。
5. 亏了 52.4 亿美元，裁掉近 1200 人，显而易见，这家公司已经陷入________。
6. 在众多扫地机器人品牌中，知名大品牌早已牢牢占据市场________地位。
7. 企业动力不足，________在于老板不懂战略定位。
8. 他是一位杰出的企业家，一生________“行者无疆，商者无域”的经营理念。

四、用指定的词语描述图片或图表。

1. 连锁、直营

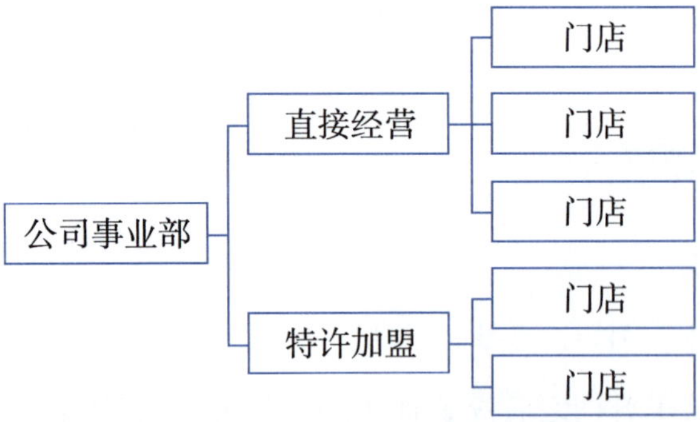

2. 庞大、细分市场

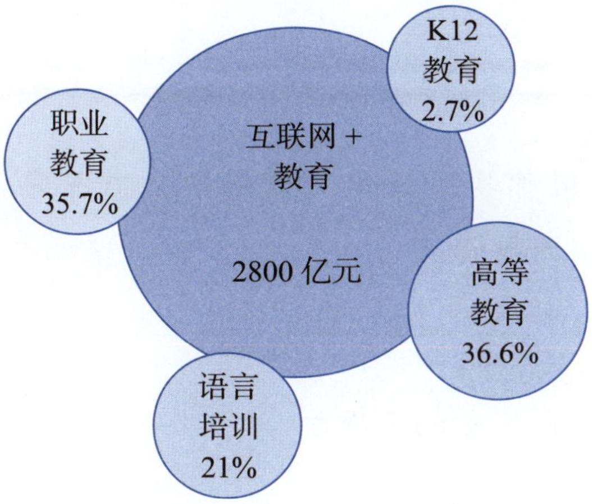

3. 领先、创新、占据、奉行

4. 困境、本土化、瓶颈、根源

五、找出下列句子的主干。

1. 这是今年继百胜集团之后第二家在华放弃直营模式的跨国连锁餐饮企业。

主干：____

2. 事实上，棒约翰很早就已经在全球拥有 3400 多家餐厅，市场地位远胜于必胜客。

主干：____

3. 中国庞大的市场对于任何一家国际公司都具有强烈的吸引力，据不完全统计，世界 500 强企业中有 490 家已在中国投资。

主干：____

4. 棒约翰此次变革很大程度上源于其本土化经营的不顺利。

主干：____

5. 专家表示，本土化是企业在开展跨国营销和经营活动时必须考虑的重要问题。

主干：____

六、将下面的句子改写为口语体。（加点的部分必须替换为口语词语）

1. 这是今年继百胜集团之后第二家在华放弃直营模式的跨国连锁餐饮企业。

____

2. 棒约翰的市场地位远胜于必胜客。

____

3.“国际化”和“本土化”是一个问题的两个方面，实现国际化是终极的战略目标。

____

4. 棒约翰此次变革很大程度上源于其本土化经营的不顺利。

____

七、根据课文判断正误。

1. 棒约翰是百胜集团出售的第二家餐饮企业。（　　）

2. 棒约翰在全世界的总体表现比必胜客好。（　　）

3. 棒约翰在中国市场不顺利的原因主要有两个。(　　)

4. 跨国公司应该先实现本土化，最后再达到国际化。(　　)

5. 企业只有研究当地社会和文化，才有可能在市场上占据领先地位。(　　)

6. 跨国营销和经营必须重视本土化。(　　)

7. 实现本土化就是要在不同的国家分别完成设计、生产和销售。(　　)

八、读后分析。

根据课文，分析作者对下列做法的态度。

A	棒约翰在中国市场上只专注于做好比萨产品
B	结合本土化与国际化两种策略
C	熟悉目标市场的文化习俗
D	跨国营销和经营只能采取本土化策略
E	按照地理位置、国籍、文化、生活方式细分市场

☺ 支持	☹ 反对

4 能力应用

语言能力 明确商业评论的立场

在进行商业评论时，除了说明角度和立场，还需要阐明观点和态度。不同的观点和态度，需要不同的论据来支持。如持支持的态度，可以引用相关专家表示支持的观点，或在描述中加入积极影响、良好作用等正面评价的文字描述；如持反对的态度，可以引用专业人士表示反对的观点，或在文字描述中加入消极影响、陷入困境、不足等负面评价的文字描述。

例如，可以引用相关专家的观点，明确自己的态度：

（1）专家认为，棒约翰在中国市场陷入困境的根源，在于产品的本土化以及创新不足。

再如，阐述观点时，在文字描述中加入正面评价或负面评价的词或短语：

（2）每一种文化都有自己的主导性，在各种文化思潮纷至沓来的今天，纯粹文化应该成为中国文化的主体，“故宫里的星巴克”则侵犯了中国文化的主体性。

（3）文化不是孤立存在的，它需要交流，假设一百年后再来回顾我们的历史，也许现在被我们称为外国文化的那部分，也与中华民族的文化融为一体了。

练习

一、分析下列各段评论的角度和立场。

讨论话题：星巴克开在故宫里，支持还是反对？

在故宫里，一座古色古香的大殿的一角，开着一家星巴克咖啡店。人们对此议论纷纷。

A	星巴克开在故宫附近或许可以，但开在故宫里面，成为世界对于中国历史文化体验的一部分，实在太不合适了。我带外国朋友参观时，他们问我：“中国的皇帝也喝咖啡吗?”我当时感觉尴尬极了。
立场	□支持　　□反对
角度	

B	保存文物的原貌是了解历史的基本条件。故宫是历史，是文化，不应加入不属于它的东西。当商业经营与文化保护产生冲突时，肯定应毫不迟疑地舍弃经济利益。
立场	□支持　　□反对
角度	

C	在任何一个旅游景点，旅游服务设施和文物古迹本身都不能混为一谈。故宫内星巴克的商业行为无可厚非。要知道，故宫已经不是皇帝的家，早已失去严肃的政治意义。那里飘出一点咖啡的香味，算不上什么。只要咖啡店能保证清洁卫生，就应该允许他们做生意，方便中外百姓休息解渴。
立场	□支持　　□反对
角度	

D	在今天的中国，西方的餐饮文化可以被接受。星巴克来中国没有错，我们也欣赏它的香味，但故宫毕竟是故宫，把代表当代国外速食文化的咖啡厅和有着几千年历史的文物摆在一起，实在不相称。
立场	□支持　　□反对
角度	

E	我不喜欢喝咖啡。但我觉得星巴克开到故宫没什么大不了，只要它将历史、文化、现代完美结合起来，在不破坏故宫的情况下，有何不可?
立场	□支持　　□反对
角度	

二、说明你对“故宫里的星巴克”的立场，并从两个角度说明理由。

立场：☐支持　　　☐反对

角度：

理由：

三、阅读短文，完成下面的练习。

对于许多外资零售商而言，如何将品牌本地化是一个难点。我们并不觉得随便一个模式拿到中国来就会成功，山姆会员商店在中国其实做了大量的本土化改造，这也是为什么会员制需要一段时间打磨。

之前很多仓储式会员制商店是不敢收费的，有的曾经采取过收费模式，但后来也改成了免费的。还有一些中国本土同行，抄袭山姆的模式，最后也没能做下去。现在有些电商平台也做会员收费，收的钱又通过消费券的方式返给消费者。在我们看来，其实都是学到了样子，但是没有学到原则。

山姆是在中国做会员制比较早的公司，坚持为会员提供价值的原则。因为做会员制其实是一个长期生意，我们关注的是续费率，要求长期思维和一致性比较高。现在很多做会员制的企业都是做很短期的考虑。

针对本土化改造，我们主要做了两点：第一，明确品牌定位，在中国我们的目标人群是中等收入和中等收入阶层以上的消费群体，产品定位为品质优先而不是价格优先。第二，采购和开发大量的中国本土商品，比如枣、枸杞和银耳。如果照搬国外市场的做法，这些商品在我们这里肯定是看不到的。但照搬的企业一般都活不下来。

在中国，我们的会员制已经运作了 20 多年，对于未来，我们非常有信心。

山姆会员商店中国电子商务与市场部高级副总裁

分析作者对下列行为的态度，并说出你的依据。

1. 企业进入中国市场后进行本土化改造。	☺ ☹
2. 中国本土企业直接复制山姆的会员制模式。	☺ ☹
3. 通过会员制收费，收的钱又以消费券的方式返给消费者。	☺ ☹
4. 在中国照搬国外市场的做法。	☺ ☹
5. 在中国市场用会员制模式。	☺ ☹

情景任务 研究连锁店的本土化策略

角色： 你在你们国家的一家连锁企业工作。

情景： 你们企业打算在中国市场实施本土化战略，你负责研究你们国家或你熟悉的连锁企业在中国的本土化情况。

要求：

1. 写出你打算了解的连锁企业。
2. 查找资料，找出这些连锁企业在中国市场所采取的各种本土化策略。
3. 列出这些企业的本土化策略，分析它们的角度，并确定自己的态度。

连锁企业名称	角度	策略	我的态度
			☺ ☹
			☺ ☹
			☺ ☹

4. 准备一份约 2 分钟的发言稿，报告你对这些策略的评价（角度、立场）。

5 扩展阅读

问题

1. 为何在中国K公司的连锁店远远多于M公司?
2. 在进入中国市场之前，K公司做了哪些准备?
3. K公司在中国的经营模式是什么?
4. 说明作者的角度和立场，阐明其观点和态度。

外企本土化案例

M公司今年在华成功开设了200家新餐厅，创造了其在中国年度开店数量的新纪录。由此，中国成为其全球第三大市场。该公司至今在中国境内开店总数已超过1400家，但跟在华开店总数超过3200家的竞争对手K公司相比，还有很大差距。从全球的范围来说，无论是连锁店数量还是销售额，M公司都远胜于K公司。为何在中国情况却恰恰相反?

K公司对中国的本土市场相当重视。在产品本土化层面，K公司进入中国前就开始熟悉和理解中国的文化特点，并选择与中国居民生活习惯等较为接近的新加坡作为试点。然后又在组织层面上做了很多工作，邀请40余位国家级食品营养专家，成立了“食品健康咨询委员会”，开发适合中国人口味的产品。从“早餐粥”开始，K公司在中国陆续推出豆浆、油条、烧饼等一系列中餐，甚至中式主餐米饭也成为其主打产品之一。而M公司的本土化产品却屈指可数，从M公司的一系列对外宣传也可以看出，它在中国的经营中并没有太多的本土化理念。

从经营模式上看，K公司采用了加盟者风险为零的特许方式。假如加盟者达不到获利点，损失由K公司承担。一旦加盟店经营良好，在运作两三年后，K公司一般会以一到两倍的价钱重新将加盟店买回来。这种方式极大了满足了中国本土投资者的需求，因此，其规模扩张与发展的速度超越了M公司。而M公司从进军中国的那天起，就选择了单一的直营连锁模式。这种方式的弊端是加重了公司对自有资金的依靠，从而制约了其扩张的进程。

团队任务

任务说明

以某跨国企业的本土化为案例，分析其成功或失败的原因。

任务要求

1. 选择一个跨国企业作为研究对象。
2. 以这个企业进入某个国家 / 地区市场为研究案例。
3. 通过查找相关资料，说明这个企业在本土化方面的主要策略，评价其运用本土化策略的结果，并选择一到两个角度，具体分析其成功或失败之处。

任务步骤

步骤	内容
分组	组成小组，确定组长、时间安排及分工等内容
确定对象	选择一家跨国企业和一个目标市场国家或地区
搜集信息	企业的本土化策略（主要方面、具体做法） 本土化策略的效果（市场份额 / 销量 / 知名度……）
明确观点	企业的本土化是否成功 本土化的成功和失败之处
口头 / 书面报告	研究对象 本土化的主要策略 本土化的结果及原因 附上资料出处

第七单元　区域经济

下图中这两个地理区域有何不同？区域经济有何特色？

从经济情况来看，不同地理区域的经济水平可能千差万别。为了整个国家经济的长远发展，应有效地协调人力、物力、财力，使区域经济健康、均衡地发展。

经济的发展是一个不断变化的动态过程。从相关报道和研究中能够梳理出经济事物的变化过程。在本单元，我们将围绕这一能力展开学习与训练。

能力项目　综合信息，归纳商业事物的发展变化

商务词语　～业、～流

专业知识　产业转移、区域经济

背景知识　中国区域经济一体化

第 13 课　区域资源与经济

1 热　身

小组讨论

分析表格。

1. 为下面三个表格补上标题。

2. 分析表格分别从什么角度反映了该地区的情况。

表一 ____________

（范围：辽宁、吉林、黑龙江）　　（单位：%）

比重	1978 年	2005 年	2018 年
第一产业	20.2	12.8	11
第二产业	64.3	49.6	36
第三产业	15.7	37.6	53

表二 ____________

（单位：亿元）

2022 年增加值	辽宁	吉林	黑龙江
第一产业	2597.6	1689.1	3609.9
第二产业	11755.8	4628.3	4648.9
第三产业	14621.7	6752.8	7642.2

表三 ____________

（单位：亿元）

2022 年	辽宁	吉林	黑龙江
外贸进出口总额	7907.3	1558.5	2651.5
出口额	3584.5	502.3	545.6

2 课 文

“冷资源”成为东北新优势 13-1

近年来，科技、经济和产业结构不断发展变化，人们的思想观念以及社会资源的配置方式随之发生深度调整。在中国的东北地区，“冷”被视为一种气候资源而得到重新认识，逐步成为该地区资源配置和结构调整的新优势。

东北各地大力推动冰雪与旅游、体育等产业牵手，不断激发新的消费需求。冰雪对东北地方经济的拉动作用与日俱增，不仅促进了雪场业、雪具业等产业链的延伸，还带动了宾馆业、餐饮业、交通运输业等配套产业的发展。

除了冰雪产业，哈尔滨的“云计算”产业也异军突起。北纬45度区域是设立云端中心的黄金地带，年平均气温2～3摄氏度，全年至少8个月以上的时间可通过冷空气直接实现制冷，可大大降低云端中心电力消耗。哈尔滨正好处于这个区域，这里发展云计算产业，具有得天独厚的优势。“中国云谷”是在哈南工业新城正式启动的，总规划面积50万平方公里，主要发展云计算产业、物联网产业、软件与服务外包产业、新媒体和动漫影视制作产业等。目前，“中国云谷”已有300余家企业入驻，协议投资额310亿元，初步形成了数据中心、电子商务、大数据、云计算应用四大板块。

黑龙江北部城市黑河在开发“冷资源”方面也走出了一条成功之路。这里地处亚寒带的核心区，每年有7个月的结冰期，早已成为国内外众多汽车厂家寒带试车的首选之地。每到寒冷的冬季，全球先进汽车品牌都会汇聚于此。从最初的道路试验和冬季试验到如今的道路试验、场地试验、常温试验，技术含量明显增加。从事汽车整车、轮胎、摩托车、油品等研发的企业和机构也都会到此进行低温试验。试车机构的增多，带动了停车场地、试车员、维修、物流托运等相关行业的发展，一条试车产业链已经形成。据不完全统计，试车人员每年在黑河直接消费近亿元，试车在当地已经由单纯的科学试验发展为新产业。

专家认为，东北地区对“冷资源”的利用方兴未艾，与制造业、能源加工等行业的下滑形成鲜明对比。利用“冷资源”打造“冷经济”，为东北经济的振兴提供了更多的选择。

（改写自新华网，2015.12.13）

词语表

13-2

1. 激发　jīfā　动　刺激使奋发。

　专家认为，这次政策调整将有利于激发民众的消费需求与消费热情。

2. 拉动　lādòng　动　使提高、增长或发展。

　据调查，消费仍是拉动经济的主要动力，前三季度对经济增长的贡献率达到 60.5%。

3. 与日俱增　yǔrì-jùzēng　随着时间的推移而不断增长。

　当今世界，科技与教育在经济和社会发展中的作用与日俱增。

4. 配套　pèitào　动　把若干相关的事物组合成一整套。

　近年来，集成电路与相关配套产业在无锡发展迅猛。

5. 云计算　yúnjìsuàn　动　一种基于互联网的计算方式，通过互联网使大量的计算机形成一个计算能力极强的系统，统一管理和调度资源，将任务分布在各个计算机上，安全可靠地进行超大规模计算，根据用户的需求提供个性化服务。

　该平台具有强大的云计算能力。

6. 异军突起　yìjūn-tūqǐ　比喻新派别或新生力量突然兴起。

　随着物联网、云计算、大数据等技术的不断成熟和广泛应用，智能家居产业异军突起，成为新兴的热点。

7. 摄氏度　shèshìdù　量　温度单位，符号为“℃”。

　明天北方地区将会大幅降温，最高降幅达 12 摄氏度。

8. 消耗　xiāohào　动　（精神、力量、东西等）因使用或受损失而渐渐减少。

该公司将改革与节能环保结合起来，持续降低能源消耗，加速推进绿色发展。

9. 得天独厚 détiān-dúhòu 得到的自然条件特别优厚，指所处的环境或所具备的条件特别优越。

该地区是传统的农业大区，在发展现代农业方面具有得天独厚的优势。

10. 物联网 wùliánwǎng 名 物与物相连的互联网。

从资本流向来看，物联网与农业的融合正在成为农业创新与投资的新机会。

11. 外包 wàibāo 动 把任务交给外单位或外部人员承包。

在全球投资贸易低迷的情况下，中国服务外包继续快速发展。

12. 新媒体 xīnméitǐ 名 在数字技术支撑下出现的新的媒体，如网络媒体、手机媒体。

随着互联网行业以及新媒体产业的快速发展，新闻传播学专业的毕业生就业形势越来越好。

13. 协议 xiéyì 名 国家、政党或团体经过谈判、协商后取得的一致意见。

此次招商会共签约 17 个项目，协议投资额 50.11 亿元，其中有 7 个回乡创业项目。

14. 大数据 dàshùjù 名 大规模数据的集合。

大数据是一个以系统方式分析数据，并且从数据中提取信息所属领域的技术。

15. 亚寒带 yàhándài 名 地球的温带与寒带之间的过渡地带，也叫副寒带。

这个城市地处亚寒带。

16. 含量 hánliàng 名 所包含的某种成分的数量。

这家玩具公司专门生产技术含量低的老式玩具。

17. 托运 tuōyùn 动 委托运输部门运送（行李、货物等）。

中南物流托运公司提供从广州到各地的货运物流业务。

18. 方兴未艾 fāngxīng-wèi'ài 事物正在兴起、发展，一时不会终止。

中国的大数据开发和利用正处于方兴未艾的阶段。

19. 振兴 zhènxīng 动 大力发展，使兴盛起来。

当前经济下行压力加大，振兴经济首要的是发展民营经济。

专有名词

1. 哈尔滨	Hā'ěrbīn	中国黑龙江省省会。
2. 黑龙江	Hēilóngjiāng	中国最北端的省份。
3. 黑河	Hēihé	位于中国黑龙江省北部的一个城市。

3 练 习

一、辨字组词。

消（ ）
销（ ）
悄（ ）

增（ ）
赠（ ）
憎（ ）

配（ ）
酿（ ）
醒（ ）

耗（ ）
耕（ ）

独（ ）
浊（ ）

协（ ）
办（ ）

二、将下面的词语与对应的意思连起来。

创业	以买卖方式使商品流通的经济活动
就业	创办事业
商业	向消费者专门提供各种饮食以及经营相关消费场所和设施的行业
餐饮业	得到工作岗位，参加工作
信息产业	提供信息服务，及相应的信息手段、信息技术等服务的科技产业

语言知识

~业

“~业”有“行业、产业、事业、职业”的意思，常常用来构成表示与国家或个人有关的经济事物或经济、社会活动的词语。

（1）名词

与行业有关的，例如：信息业、金融业、餐饮业、旅游业、汽车制造业、航空运输业。

与产业有关的，例如：第一产业（农业、林业、牧业和渔业）、第二产业（制造业、采掘业、建筑业等）、第三产业（商业、服务业、教育业、通信业等）。

（2）动词

与个人或组织的经营活动有关的，例如：开业、营业、歇业、停业。

与个人的事业或工作有关的，例如：创业、守业、立业、从业、就业、待业、失业。

三、选择恰当的词语，完成下面的句子。（注意与加点词语的搭配）

激发	外包	配套	与日俱增	异军突起
拉动	振兴	协议	得天独厚	方兴未艾

1. 经济学上常把投资、消费、出口比喻为________经济的“三驾马车”，这是关于经济增长原理的最生动形象的说法。
2. 本届国际旅游贸易博览会共签约 71 个项目，________投资额 132 亿元。
3. 人力资源服务________，简单来说，就是企业将公司人力资源管理方面的部分工作交给专业的代理机构来操作。
4. 由于利好政策不断________市场需求，武汉住宅市场全年火爆，成交量创历史新高。
5. 在全球经济增长放缓的背景下，一些东南亚国家房地产市场却________，吸引了全球投资者的目光。
6. 互联网的影响力与作用________，除了改变人们的日常生活，对商业领域的渗透也不断深入。
7. 推出新游戏还不够，腾讯公司还计划推出________智能硬件和动画片。
8. 作为全国首个全域旅游示范省，海南拥有________的生态和政策优势。
9. “无人便利店”现在还处于________的阶段，吸引了越来越多的投资者。
10. 自东北地区经济________战略实施以来，这个老工业基地的各个城市已有了不同程度的发展。

四、用指定的词语描述图片或图表。

1. 激发、协议

2. 消耗、与日俱增、配套

3. 拉动、得天独厚

五、找出下列句子的主干。

1. 冰雪对东北地方经济的拉动作用与日俱增，不仅促进了雪场业、雪具业等产业链的延伸，还带动了宾馆业、餐饮业、交通运输业等配套产业的发展。

   主干：________________

2. "中国云谷"主要发展云计算产业、物联网产业、软件与服务外包产业、新媒体和动漫影视制作产业等。

   主干：________________

3. 目前，"中国云谷"已有300余家企业入驻，初步形成了数据中心、电子商务、大数据、云计算应用四大板块。

   主干：________________

4. 每到寒冷的冬季，全球先进汽车品牌都会汇聚于此。

   主干：________________

5. 从事汽车整车、轮胎、摩托车、油品等研发的企业和机构也都会到此进行低温试验。

   主干：________________

六、将下面的句子改写为口语体。（加点的部分必须替换为口语词语）

1. 科技、经济和产业结构不断发展变化，人们的思想观念以及社会资源的配置方式随之发生深度调整。

   ____

2. "冷"被视为一种气候资源而得到重新认识。

   ____

3. 东北各地大力推动冰雪与旅游、体育等产业牵手，冰雪对东北地方经济的拉动作用与日俱增。

   ____

4. 除了冰雪产业，哈尔滨的“云计算”产业也异军突起。

____

5. 北纬 45 度区域是设立云端中心的黄金地带。

____

6. 这里地处亚寒带的核心区，每年有 7 个月的结冰期，早已成为国内外众多汽车厂家寒带试车的首选之地。

____

7. 东北地区对“冷资源”的利用方兴未艾，与制造业、能源加工等行业的下滑形成鲜明对比。

____

七、根据课文回答下面的问题。

1. 东北地区出现了什么新的现象？

____

____

2. 冰雪与旅游、体育等产业的融合，对东北经济有何影响？具体有哪些表现？

____

____

3.“云计算”为什么可以在哈尔滨“异军突起”？

____

____

4. 为什么黑河是很多汽车品牌试车的“首选之地”？

____

____

5. 东北地区经济的一个发展方向是什么？

____

____

八、读后分析。

1. “冷经济”现象出现在哪些产业中？原因是什么？

现象	产业	原因
冷经济		

2. 在黑河试车产业的发展过程中，哪些方面出现了变化？

具体方面	过去的表现	现在的表现

4 能力训练

语言能力 综合信息，归纳商业事物发展变化的主要方面

研究商业事物的发展变化，需要从各种信息中发现变化发展的主要方面和具体过程。

经济现象就是同一种新的经济事物或行为在很多领域或方面普遍出现、变化或消失的情况。例如，“冷经济”是一种新的现象，它的出现表现在很多方面。阅读本课课文，重点就是去发现哪些行业开始利用冷资源，表现在哪些方面。通过第 2 ～ 4 段，可以归纳出“冷经济”的出现表现在三个行业中：旅游业利用冷资源发展冰雪旅游及相关产业，IT 行业利用冷资源发展“云计算”，汽车制造业在利用冷资源的过程中形成了试车产业链。

商业事物或行为的变化可以通过今昔情况的对比来发现，因此要注意事物的哪些方面在不同时间出现差异。比如，根据本课课文，试车产业的过去和现在在很多方面都存在差异：

（1a）早已成为国内外众多汽车厂家寒带试车的首选之地。

（1b）从事汽车整车、轮胎、摩托车、油品等研发的企业和机构也都会到此进行低温试验。

（2）从最初的道路试验和冬季试验到如今的道路试验、场地试验、常温试验，技术含量明显增加。

（3a）试车机构的增多，带动了停车场地、试车员、维修、物流托运等相关行业的发展，一条试车产业链已经形成。

（3b）试车在当地已经由单纯的科学试验发展为新产业。

以上三组句子提供的信息分别是与试车产业有关的机构、技术含量、产业链和性质，这些其实就是试车产业的发展变化情况。把这些方面的特点综合起来，才能从整体上把握经济事物的发展。

练习

归纳下列各段话提到的主要方面，将其填入短文各段画线处。

“粉丝经济”早已不是当年发投票短信、上街拉票、买广告位这么简单了。过去“全民选秀”风起云涌，现在“偶像养成”成为人们津津乐道的话题。

________________变了。“全民选秀”与“偶像养成”有共通之处，目的都是把大众培养成粉丝。不同的是，过去是粉丝单方面选择支持一个明星，现在则是通过粉丝的关注、支持与互动，逐步培养出一个偶像。

________________也变了。相较于追捧一个已经被包装成熟的明星，见证一个自己支持的新人成长为偶像，更容易让人疯狂。偶像养成让粉丝有了前所未有的成就感：眼前这个异军突起的偶像，正是靠着我们的支持成长的。这才是养成的最大乐趣。

近年来，中国的手机市场发生了较大的变化，主要体现在以下几个方面：

第一个方面是________________________。中国智能手机迅速迭代、普及，市场已经到了饱和的状态，手机出货量近几年来持续下降。主要原因是智能手机产业逐步成熟，消费者正在告别过去一年换一部新手机的非理性消费习惯，转而支持“够用就行了”的消费原则。

第二个方面是________________________。数据显示，国产手机出货同比增长15%，占同期国内市场的8成。不仅出货量有了显著的提升，在手机品牌方面也受到比之前更多的认可。从关注度榜单上榜产品的品牌分布来看，排名前九的品牌中，国产品牌占据了八个席位。

第三个方面是________________________。电信运营商以往的大力补贴推动了智能手机的普及。在一段时间内，国内公开渠道、运营商渠道、线上渠道的占比基本为40%、40%、20%。但是最近运营商的补贴大幅下降，使其影响力日益衰退，而电商渠道的占比不断提升。国产手机厂商开始不断调整销售渠道布局。

情景任务 研究与介绍某地区的产业变化

角色：你在一个经济研究所工作。

情景：你打算研究某地区某个产业的变化，准备查找资料并整理信息。

要求：

1. 地区和产业自选。
2. 查找相关资料，了解该地区产业变化的主要方面（市场、产品、渠道、生产方式……）及具体特点。

主要方面	过去的情况	现在的情况

3. 写报告，说明该产业在该地区的变化。

第 14 课　区域经济的动力

1 热　身

听力理解

听录音，完成下面的练习。 14-1

1. 听后填表。

经济区域	国内生产总值（GDP）占比	________的区域发展政策

2. 这段讲话的主要内容是________________。（多选）

A　区域经济的定义

B　区域经济学的发展与中国区域经济研究

C　全球的几大经济区域

D　中国区域经济的基本特征

E　中国高速铁路对区域经济发展的影响

F　如何解决区域发展不平衡的问题

2 课 文

全球首条环岛高铁开通，海南进入“同城时代” 14-2

新建的海南西环铁路近日开通，并与海南东环铁路贯通，标志着全球首条环岛高铁正式投入运营。这条海南交通大动脉将有效拉动海南西部发展，改变海南东西区域发展不平衡的现状，海南岛从此进入“同城时代”。

环岛高铁将极大改善海南西部地区的交通状况，促进物流、人流、资金流、信息流的汇聚和流通；可为海南西部丰富的矿产、瓜菜等物资提供安全快速的运输通道；以铁路沿线和各重要站点为中心将产生大量的服务业需求，使得人口和服务业在城镇聚集，加快西部地区城乡一体化进程。

目前海南东部地区经济总量在全省的占比近六成，中西部则较为落后。海南东环高铁的开通运营，已全面带动东部经济、社会的发展，无论房地产价格还是旅游人数，东部都远高于西部。事实上，海南西部地区旅游、矿产等资源丰富，环岛高铁途经的洋浦、东方等地是海南工业、能源、港口最集中的区域；昌江、乐东等县则是旅游业和热带特色现代农业极具发展潜力的区域，未来这些区域或将成为带动海南经济发展的“火车头”。

有关人士分析，海南岛的地理因素决定了其“四面开花”的发展布局，产业分散、运输距离较远且不便导致整体产业发展不均衡。环岛高铁开通有助于打造互联互通、快速集运的高铁产业链，形成更加合理的产业布局，促进资源配置和生产要素的互联互通。

环岛高铁开通对于海南整体打造国际旅游岛也将产生重大影响。环岛高铁通过粤海铁路通道与全国铁路网连接，提高了铁路运输能力，将满足岛内和进出岛旅客更高层次的运输服务需求，为海南发挥区位优势和自然优势、打造国际旅游岛提供交通基础。

（改写自海峡网，2015.12.30）

词语表

14-3

1. 开通 kāitōng 动 交通、通信等线路开始使用。

旅游专列是铁路部门根据市场需求开通的与旅游有关、中途不办理客运的列车。

2. 贯通 guàntōng 动 连接；沟通。

这条地铁线已经开工，未来还将与9号线贯通。

3. 运营 yùnyíng 动 （车船等）运行和营业。

地铁14号线已经与15号线贯通并投入运营。

4. 动脉 dòngmài 名 比喻重要的交通干线。

这条公路是通往广东东部的交通大动脉。

5. 区域 qūyù 名 地区范围。

高铁的开通将为这个区域的发展注入活力。

6. 汇聚 huìjù 动 聚集。

广东省省会广州是重要的国际商贸中心，人流、物流、资金流、信息流在此汇聚。

7. 运输 yùnshū 动 用交通工具把人员或物资从一个地方运到另一个地方。

苏伊士运河（the Suez Canal）是世界重要的油气运输通道之一。

8. 一体化 yìtǐhuà 动 使各自独立运作的个体组成一个紧密衔接、相互配合的整体。

城乡各具特色，亦能融合，可以实现城乡一体化发展。

9. 途经 tújīng 动 中途经过（某地）。

他和父亲一起从老家骑行到清华大学，途经河南、山东、河北等地，将近一千公里的路程，耗时12天。

10. 潜力 qiánlì 名 潜在的力量。

除了老牌的500强公司，独角兽公司也具有巨大的潜力。

11. 带动 dàidòng 动 引导着前进；带头做并使别人跟着做。

		科技发展不仅能带动经济发展，还可推动产业升级。		
12.	均衡	jūnhéng	形	平衡。
		区域发展不均衡是我们当前急需解决的突出问题。		
13.	配置	pèizhì	动	配备布置。
		省会城市作为强有力的资源配置中心，对区域经济的带动作用举足轻重。		
14.	生产要素	shēngchǎn yàosù		生产商品所投入的各种经济资源，如土地、资本、劳动、科技等。
		上半年全球经济低迷，生产要素成本上升，市场竞争压力增大。		
15.	区位	qūwèi	名	地区位置。
		作为粤港澳大湾区核心城市之一，深圳有先天的地理区位优势，一直是改革的“试验田”、开放的“窗口”。		

专有名词

1.	海南（岛）	Hǎinán (Dǎo)	位于中国南端的省份，地处热带。
2.	粤海铁路	Yuè-Hǎi Tiělù	中国第一条跨海铁路，自广东省湛江市至海南省海口市。

3 练 习

一、辨字组词。

脉（　　）　　矿（　　）　　均（　　）
泳（　　）　　旷（　　）　　韵（　　）
咏（　　）　　扩（　　）　　匀（　　）

域（　　）　　输（　　）　　途（　　）
城（　　）　　喻（　　）　　涂（　　）

二、将下面的词语与对应的意思连起来。

价值流	项目的现金流出和流入的全部资金收付数量
信息流	随着商品实物及其所有权在营销渠道成员间的转移而发生的资金往来
现金流	从原材料转变为成品、并赋予其价值的全部活动
资金流	信息在计算机系统和通信网络中的流动

语言知识

～流

“～流”是汉语中常见的名词性结构，常用来指称处于流动状态的事物。

自然事物，例如：水流、河流、气流、电流、暖流。

社会事物，例如：信息流、数据流。

商业事物，例如：资金流、物流、现金流。

三、选择恰当的词语，完成下面的句子。（注意与加点词语的搭配）

运营	汇聚	带动	一体化
均衡	配置	潜力	开通

1. 济南至名古屋、洛杉矶的航线有望在今年五六月份________。
2. 在大部分情境下，市场在资源________上有决定性作用。
3. 当地政府积极推进城乡________发展。
4. 这个立体停车库日前完成招标，10 月底有望投入________。
5. 业内人士都非常看好这家公司，认为该公司具有巨大的发展________。
6. 高铁的贯通将会________沿线城市的经济发展。
7. 这次展览会让全世界各地上千家企业都________到了北京。
8. 这个城市没有一个真正意义上的市中心，市内各个乡镇发展________。

四、用指定的词语描述图片或图表。

1. 一体化、均衡

2. 途经、运输

3. 潜力、优势

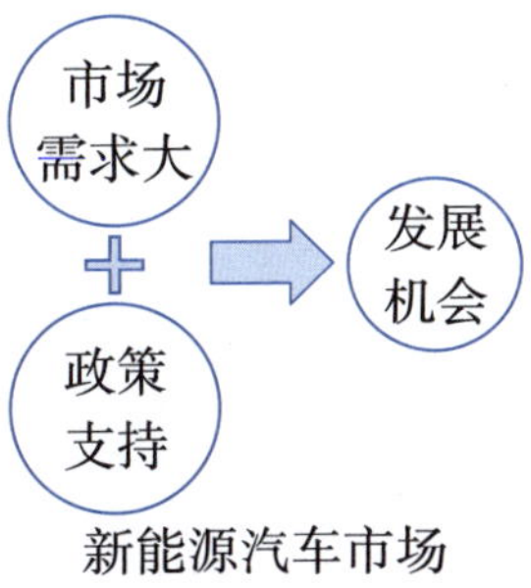

五、找出下列句子的主干。

1. 这条海南交通大动脉将有效拉动海南西部发展，改变海南东西区域发展不平衡的现状，海南岛从此进入“同城时代”。

   主干：______________________________

2. 环岛高铁将极大改善海南西部地区的交通状况，促进物流、人流、资金流、信息流的汇聚和流通。

   主干：______________________________

3. 环岛高铁途经的洋浦、东方等地是海南工业、能源、港口最集中的区域；昌江、乐东等县则是旅游业和热带特色现代农业极具发展潜力的区域。

   主干：______________________________

4. 海南岛的地理因素决定了其“四面开花”的发展布局，产业分散、运输距离较远且不便导致整体产业发展不均衡。

   主干：______________________________

5. 环岛高铁开通对于海南整体打造国际旅游岛也将产生重大影响。

   主干：______________________________

6. 环岛高铁通过粤海铁路通道与全国铁路网连接，将满足岛内和进出岛旅客更高层次的运输服务需求，为海南发挥区位优势和自然优势、打造国际旅游岛提供交通基础。

   主干：______________________________

六、将下面的句子改写为口语体。（加点的部分必须替换为口语词语）

1. 目前海南东部地区经济总量在全省的占比近六成，中西部则较为落后。

   ____

2. 无论房地产价格还是旅游人数，东部都远高于西部。

   ____

3. 环岛高铁途经的洋浦、东方等地是海南工业、能源、港口最集中的区域；昌江、乐东等县则是旅游业和热带特色现代农业极具发展潜力的区域。

____

4. 环岛高铁开通有助于打造互联互通、快速集运的高铁产业链。

____

七、根据课文回答下面的问题。

1. 海南出现了什么新事物？它对当地有什么影响？

____

____

2. 新事物的影响具体表现在哪些方面？

____

____

3. 高铁对海南的经济已经起到了什么作用？还将起到什么作用？

____

____

4. 海南东部和西部的经济分别有哪些特点？

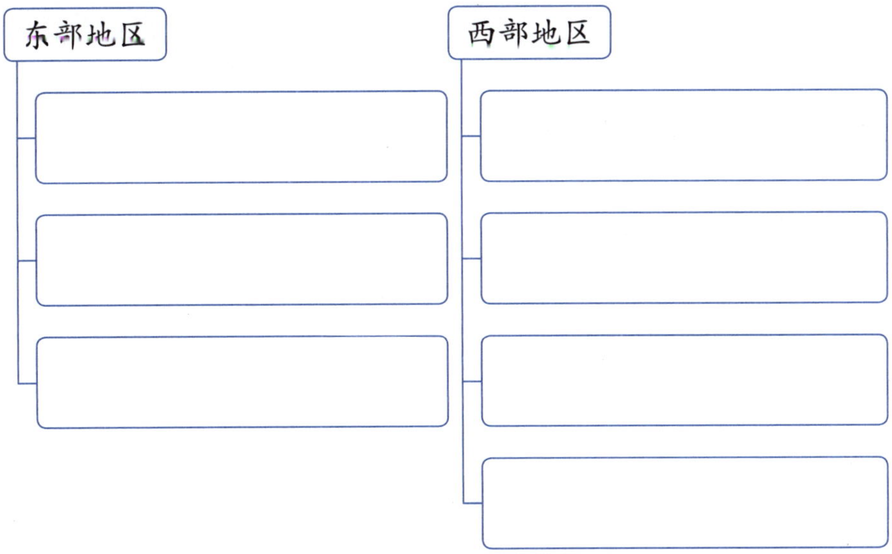

5. 哪些产业受新事物的影响较大？

八、读后分析。

根据课文，说说海南环岛高铁的建设过程及影响。

线路　　　　效果

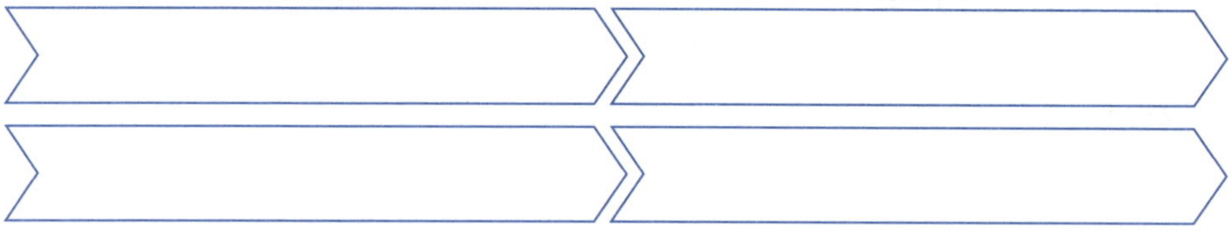

4 能力训练

语言能力 综合信息，归纳经济事物发展变化的过程

经济事物的发展变化，不仅与同一时间段内几个方面的特点有关，还体现为各方面、各部分在不同时间段的变化。如果对相关信息加以整合，就能清楚地看到发展变化的整个过程。比如，课文中提到：

（1）新建的海南西环铁路近日开通，并与海南东环铁路贯通，标志着全球首条环岛高铁正式投入运营。

（2）海南东环高铁的开通运营，已全面带动东部经济、社会的发展。

根据第一句话可以知道，海南的环岛高铁实际上包括东环铁路和西环铁路两个部分。根据第二句话能进一步知道，东环铁路先建，西环铁路是后建的，从而归纳出海南的环岛高铁的建设过程是：东环铁路→西环铁路。

练习

一、综合分析下面所列市场和企业的表现情况，将其分别归入相应的时间段。

市场	企业
A 大批的网民逐步接受了网络购物的生活方式，网购规模正在高速扩张。电子商务基础环境不断成熟，物流、支付等问题得到基本解决。	E “天猫”的大规模促销活动“双十一”购物节经十多年发展，成为中国电商市场成交额超千亿级别的年度大事，并逐渐影响到国际电子商务行业。
B 新的营销方式、电商平台不断出现，“互联网+”成为最热门的话题，电子商务蓬勃发展，而且仍具有巨大的潜力，已经成为带动国民经济增长的重要动力。	F 众多商家纷纷进军 B2C 领域，淘宝网也推出了专注于 B2C 的副品牌“淘宝商城”。 G 1999 年，包括阿里巴巴在内的许多电商企业先后成立。这一年被称为“中国电商元年”。
C 大众的网络生活方式还仅仅停留于电子邮件和新闻浏览的阶段，人们对电子商务缺乏了解。电商的出现预示着电子商务市场开始萌芽。	H 淘宝和支付宝的成立为阿里巴巴的商业版图奠定了基础。淘宝与 eBay、拍拍网逐渐形成三足鼎立的局面。

（续表）

市场	企业
D 电子商务已经不仅仅是互联网企业的天下，很多传统企业和资金流入电商市场。C2C 市场不断优化和细分，垂直细分电商平台发展迅速。另外，B2C 市场也开始火爆。	I 2011 年，阿里巴巴集团宣布将淘宝网分拆为一淘网、淘宝网、淘宝商城三家公司。第二年，淘宝商城正式更名为“天猫”。 J 2007 年阿里巴巴在香港挂牌上市，标志着其 C2C 业务步入了规范、稳步发展阶段。

中国电子商务发展过程

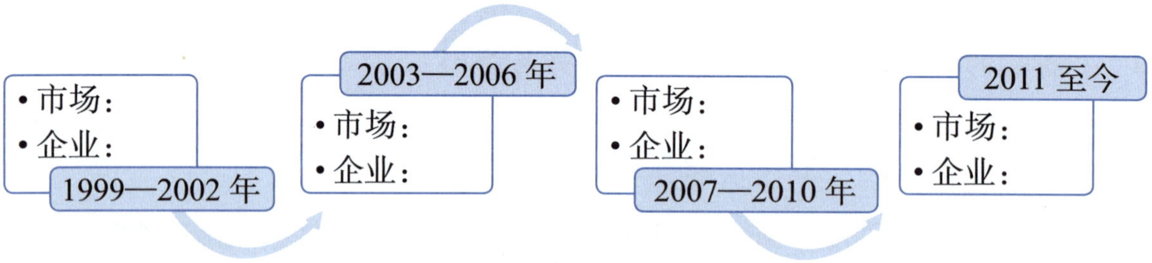

二、根据下面的材料，归纳中国区域经济的发展过程。

改革开放以前，中国实行高度集中的计划经济体制，区域经济发展主要由国家重工业发展战略推动，采取的是均衡发展战略。具体特点是：国家追求的目标是区域平衡发展，缩小地区差距；区域的一切经济活动均由国家计划安排；强调各区域均衡发展。

在此阶段，中西部地区迅速建成了一批工业城市，带动了中西部地区基础工业的发展，使中西部地区的工业结构逐步趋于合理。但各区域间的联系较弱，各地区形成了较为雷同的地区经济产业结构。

改革开放初期，中国实施向东倾斜的区域非均衡发展战略，承认地区间发展非均衡的现实，强调集中资金和资源进行重点发展，遵循由非均衡到均衡的客观发展规律。

在计划经济向市场经济过渡的初始阶段，这种战略对促进我国经济发展的作用是巨大的。东部地区呈现加速发展的态势，进而带动了整个国民经济发展水平的提高，而且推动了对外开放格局的形成。

20世纪90年代，区域发展战略开始强调促进地区经济协调发展，先后实施了西部大开发、东北振兴、促进中部地区崛起、鼓励东部率先发展等战略。同时，还强调发展城市群和经济圈，统筹东中西、协调南北方，进一步优化经济发展空间格局，推动形成纵向横向经济轴带，促进区域协调发展。

区域协调发展战略的实施，使各区域的优势得到充分发挥。一是区域经济增长呈现出相对均衡的格局；二是区域空间布局由集中走向分散，趋于均衡；三是城市群和经济圈等重点优势区域的集聚作用增强，在区域经济发展中起到主导作用；四是区域合作和一体化进程加快。

区域经济发展过程

时间段	战略	具体内容	效果

情景任务　研究和介绍某一区域的经济发展过程

角色：你是一名汉语老师，在你们国家教商务汉语课程。

情景：你打算向学生简要介绍世界经济发展过程。

要求：

1. 确定一个角度，将世界经济的发展过程分为不同时代 / 阶段。如：

   □ 运输方式：人力、马力、汽车、轮船、飞机……

   □ 生产方式：手工生产、机器生产 / 蒸汽时代、电气时代、互联网时代……

   □ 主要产业：农业时代、工业时代、信息时代……

   □ 其　　他：________________________________

2. 查找相关资料，了解每个时代 / 阶段的时间段及特征。

时间段	时代 / 阶段	特征

3. 写一篇短文（300 ～ 500 字），书面介绍世界经济发展过程。

5 扩展阅读

阅读文章，完成下面的表格。

区域发展的新布局

关键词	地区	战略内容

区域发展新布局的关键词

打开今年的政府工作报告，我们会发现，中国区域发展出现新的重大布局，其中有哪些关键词呢？

四大板块

“四大板块”指的是中国的东部地区、西部地区、中部地区、东北地区。中国的经济发展战略针对这四个板块的实际情况，实施差别化的区域经济政策，即“坚持把西部大开发放在区域发展的优先位置，深入实施振兴东北地区等老工业基地战略，加大实施中部地区崛起战略力度，支持东部地区率先发展”。

三个支撑带

“一带一路”、长江经济带和京津冀[①]协同发展，在今年的政府工作报告中被首次明确为“三个支撑带”，它们基本覆盖了中国经济实力和发展潜力最大的几个地区。

“一带一路”是“丝绸之路经济带”和“21世纪海上丝绸之路”的简称，前者形成整合欧亚大陆经济的大趋势，后者从海上连通欧亚非三个大陆，二者最终形成一个海上、陆地的闭环。“一带一路”沿线大多是新兴经济体和发展中国家，这

① 京津冀：北京市、天津市、河北省。

些国家普遍处于经济发展上升期，开展互利合作的前景十分广阔。

“长江经济带”横跨东、中、西部三大板块，主要由三个城市群来带动发展，分别是长江三角洲城市群、长江中游城市群和长江上游成渝城市群。如果说长江是一条巨龙，那么长三角就是龙头，上海是龙珠，武汉等中游地区是龙身，重庆、四川是龙尾。各地协调联动，摇头摆尾舞动龙身，就能够让长江经济带这条巨龙腾飞。

“京津冀协同发展”的核心是京津冀三地作为一个整体城市群协同发展，打造现代化新型首都圈。再辐射带动环渤海地区共同发展，还可以进一步由南到北，通过辽宁到吉林，再到哈尔滨的哈大齐工业走廊，由南往北梯度开发以带动区域发展。

四大自贸区

中国在上海、广东、天津、福建的四个自由贸易试验区（自贸区）贯穿东部沿海线，分布在“四大板块”和“三个支撑带”之内，成为战略联动的关键节点。

实际上，新的发展布局反映出区域经济发展中的一些新变化。比如出现了多个经济支撑点的态势，产业转移在各地区之间快速推进，长三角的制造业转移到安徽等长江中游地区，随后甚至有一部分继续转移到长江上游的四川、重庆等地。

团队任务

任务说明

综合信息，了解某国的区域经济情况。

任务要求

1. 选择一个国家作为研究对象。
2. 通过各种媒体，了解该国经济的区域划分及特点，以及区域经济的发展变化。

任务步骤

步骤	内容
分组	组成小组，确定组长、时间安排及分工等内容
查找资料	选择某个国家作为研究对象 查找资料，确定该国的区域经济划分 了解各区域的地理位置、优势产业等情况 了解区域经济的发展变化
综合分析	用表格或图示，归纳区域经济的特点 用表格或图示，归纳区域经济的变化
口头 / 书面报告	研究对象（国家、区域经济划分） 展示表格或图示，说明区域经济的特点 展示表格或图示，说明区域经济的发展变化 附上资料出处

第八单元　国际经济合作

你认识下面图片中的这些组织吗？它们反映出世界经济发展和地区经济交往中出现了什么现象？

亚太经济合作组织

欧盟（European Union）

中国－东盟自由贸易区（CAFTA）

北美自由贸易区（NAFTA）

经济全球化和区域集团化是世界经济发展的两大趋势。很多国家和地区开始接受进而加入各种经济合作组织。你了解经济合作组织逐渐被接受并受到重视的过程吗？

对经济现象、商业事物的认识和理解是一个不断深化的动态过程。从相关研究和报道中能够梳理出这一过程。在本单元，我们将围绕这一能力展开学习与训练。

能力项目	综合信息，归纳人们对商业事物的认识变化或理论发展
商务词语	～人、～售
专业知识	区域经济一体化、亚太经合组织
背景知识	区域经济合作

第 15 课　区域经济一体化

1　热　身

听力理解

听后填空 15-1

亚洲太平洋经济合作组织（Asia-Pacific Economic Cooperation，缩写：APEC），__________亚太经合组织，__________于 1989 年，是亚洲—太平洋地区级别__________、影响__________的__________经济组织。该组织在推动区域贸易投资__________，加强成员间经济技术合作等方面__________了不可替代的作用。

2 课 文

APEC 在你我身边 15-2

自 1989 年成立以来，亚太经济合作组织（APEC）一直致力于推动区域经济一体化，促进组织成员的经贸合作，实现共同受益。在中国加入 APEC 之前，它的名字对大多数中国老百姓来说是陌生的。1991 年中国正式成为 APEC 的成员，此后这一组织逐渐为人们所熟知。但由于 APEC 是亚太地区最高级别的政府间经济合作组织，听起来距离普通民众仍十分遥远。在 2001 年和 2014 年，中国两次成功举办了 APEC 领导人非正式会议，各地报纸热衷于报道相关新闻，让 APEC 成为当时的热词。甚至那些可能并不清楚这几个英文字母的确切含义的人，也会就此聊上几句。随着成员间合作的不断深入，百姓从中受益不少，也逐渐体会到原来 APEC 就在自己身边。

经贸往来越便利，物资流通的成本越低，东西自然越便宜。不论是日本汽车、韩国化妆品、东南亚水果，还是美国飞机，都是 APEC 经济体的产品。不少过去曾是“稀罕物”的东西，现在在国内很容易就能买到。而且不仅东西好，价格也更便宜了。据 APEC 秘书处提供的数据，APEC 区域的平均关税水平已经从 1989 年的 17% 降至 2011 年的 5.7%，可见，随着亚太自贸区建设的逐步推进，人们将在亚太地区买到越来越多物美价廉的商品。

APEC 成员大多是中国人出境旅游、学习、经商的目的地，尤其是经贸人员往来频繁，需要有便利的签证和通关措施。正是基于这样的考虑，“APEC 商务旅行卡计划”于 1997 年开始实施。这一旅行卡相当于五年多国多次签证，持卡人有了它，一场“说走就走的旅行”不再是梦想。

此外，从早期的经贸合作到现在的经济技术合作，APEC 各成员间的合作领域不断深入，带来了更多商业机会。目前在中国的经济技术合作项目主要集中在乡村，包括水利、林业、新能源、环保等多个领域。财长们建议应进一步通过 PPP

等融资方式吸引长期融资和民间资本，弥补目前亚太地区的基础设施融资缺口。

（改写自人民网，2014.11.3）

词语表

15-3

1. 推动 tuīdòng 动 使事物前进；使工作展开。

据了解，这三个城市将实施30项重点工作，推动城市群发展一体化。

2. 促进 cùjìn 动 促使前进；推动使发展。

中国国际进口博览会为促进企业间、国家间的经贸合作提供了广阔的平台。

3. 受益 shòuyì 动 得到好处；受到利益。

设立菜农直销点或是平价蔬菜店，由菜农直接进城销售，可以真正实现产销对接，让菜农和消费者共同从中受益。

4. 热衷 rèzhōng 动 十分爱好（某种活动）。

相关统计数据显示，热衷于投资理财的年轻人越来越多。

5. 便利 biànlì 形 使用或行动起来不感觉困难；容易达到目的。

新航线的开通使两地的经贸往来更加便利。

6. 物资 wùzī 名 生产和生活上所需要的物质资料。

在物资流通过程中，如何在短时间内以低成本将货物送出去，是一个受到广泛重视的问题。

7. 经济体 jīngjìtǐ 对某个区域的经济组成进行的统称和划分。

来自APEC经济体的80多位代表出席了本次论坛。

8. 稀罕物 xīhanwù 少而新奇的东西。

这种美食在南方是稀罕物，在北方却无处不在。

9. 自贸区 zìmàoqū 名 自由贸易区（Free Trade Area），指签订自由贸易协定的成员国相互彻底取消商品贸易中的关税和数量限制，使商品在各成员国之间可以自由流动的一片区域。

亚太自贸区的建设有利于推动区域经济全面发展。

10. 物美价廉 wùměi-jiàlián 东西价钱便宜，质量又好。

中国拥有大量物美价廉的商品，需要通过跨境电商平台进入全球买家的视野。

11. 经商 jīngshāng 动 经营商业。

21 世纪以来，中国一直是外国企业直接投资和经商的热门目的地。

12. 通关 tōngguān 动 通过海关关口。

多地海关实施了电子报关、提前申报等便利的通关措施。

13. 水利 shuǐlì 名 利用水力资源和防止水灾的事业。

本次水博会集中展示了水利领域的最新技术和产品。

14. 财长 cáizhǎng 名 财政部长的简称，是各国财政机关的最高长官，负责国家财政。

多国财长出席了本次会议。

15. 融资 róngzī 动 通过借贷、租赁、集资等方式而使资金得以融合并流通。

随着制度的完善，融资渠道越来越多样化。

16. 弥补 míbǔ 动 把不够的部分填足。

虽然该国已经加大天然气的进口力度，但依旧难以弥补国内市场的缺口。

专有名词

1. APEC Asia-Pacific Economic Cooperation，亚太经济合作组织，是亚太地区最具影响力的经济合作官方论坛。
2. PPP Public-Private Partnership，可称为“公私合作关系”，是公共基础设施项目（如新的电信系统、机场和电厂）的一种筹资模式。

3 练习

一、辨字组词。

推（　　）
准（　　）
椎（　　）

贸（　　）
贷（　　）
资（　　）

军（　　）
空（　　）
穷（　　）

促（　　）
捉（　　）

衷（　　）
衰（　　）

弥（　　）
你（　　）

二、选词填空。

持卡人　纳税人　合伙人　责任人　经纪人

1. 张三和朋友一起投资开办和经营公司，他是公司的________。
2. 张三用自己的身份证在银行柜台办了一张银行卡，他是这张卡的________。
3. 经张三介绍，一套房子的买卖双方完成了交易，张三获得了佣金，他是这笔交易的________。
4. 张三将收入中的 20% 上缴政府，他是________。
5. 张三承担因工作失误造成的不良后果，他是________。

语言知识

～人

“～人”是常见的名词性结构，用来说明与商业或经济行为有关的职业或社会角色。

与商业行为有关的职业，例如：经纪人、制片人、主持人、合伙人。

实施某种经济行为的社会角色，例如：持卡人、纳税人、责任人、债权人、债务人。

三、选择恰当的词语，完成下面的句子。（注意与加点词语的搭配）

推动	促进	受益	便利	物美价廉
弥补	融资	物资	热衷	经商

1. 随着收入的提高，不少人，尤其是年轻人开始________于旅游。
2. 我选择这个小区的主要原因是这里交通________。
3. 该公司正在考虑使用各种新的________方式来吸引社会资本，以加快新项目的实施。
4. 卢旺达位于非洲的中东部，是海外企业在非洲________的一个非常好的目的地。
5. ________城乡一体化发展，是一个重要而迫切的任务。
6. 我们希望通过融资来________项目的资金缺口。
7. 这位来自秘鲁的教授认为，世界各国都可从中国的发展中________。
8. 他发现可以使用一些工具软件来________部门内部的团队合作。
9. 随着经济全球化的迅速发展，社会生产、________流通、商品交易及其管理方式正在发生深刻变革。
10. 普通消费者最希望买到的就是一些________的商品。

四、用指定的词语描述图片或图表。

1. 促进、受益

2. 弥补、融资

3. 便利、物美价廉、热衷

4. 推动、自贸区、经商、通关

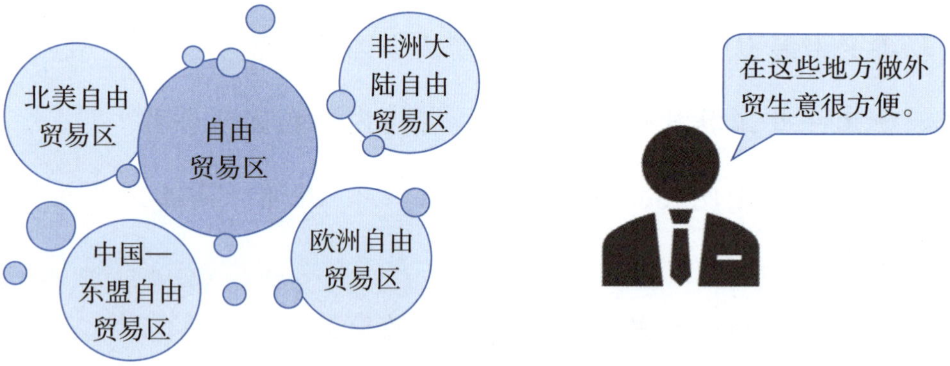

五、找出下列句子的主干。

1. 自1989年成立以来，亚太经济合作组织（APEC）一直致力于推动区域经济一体化，促进组织成员的经贸合作，实现共同受益。

   主干：______________________________

2. 由于APEC是亚太地区最高级别的政府间经济合作组织，听起来距离普通民众仍十分遥远。

   主干：______________________________

3. 甚至那些可能并不清楚这几个英文字母的确切含义的人，也会就此聊上几句。

主干：________________

4. 不论是日本汽车、韩国化妆品、东南亚水果，还是美国飞机，都是 APEC 经济体的产品。

主干：________________

5. APEC 成员大多是中国人出境旅游、学习、经商的目的地。

主干：________________

6. 从早期的经贸合作到现在的经济技术合作，APEC 各成员间的合作领域不断深入，带来了更多商业机会。

主干：________________

六、将下面的句子改写为口语体。（加点的部分必须替换为口语词语）

1. 1991 年中国正式成为 APEC 的成员，此后这一组织逐渐为人们所熟知。

____

2. 甚至那些可能并不清楚这几个英文字母的确切含义的人，也会就此聊上几句。

____

3. 随着成员间合作的不断深入，百姓从中受益不少。

____

4. 不少过去曾是“稀罕物”的东西，现在在国内很容易就能买到。

____

5. 随着亚太自贸区建设的逐步推进，人们将在亚太地区买到越来越多物美价廉的商品。

____

6. APEC成员大多是中国人出境旅游、学习、经商的目的地，尤其是经贸人员往来频繁。

____

7. 正是基于这样的考虑，"APEC商务旅行卡计划"于1997年开始实施。

____

七、根据课文选择正确的答案。

1. APEC发挥了什么作用？（　　）
   A. 成立亚太经济合作组织　　B. 推动全球经济一体化发展
   C. 加强成员间经济贸易方面的合作　　D. 让组织成员一起对外做生意

2. 中国是什么时候加入APEC的？（　　）
   A. 1989年　　B. 1991年　　C. 2001年　　D. 2014年

3. 中国什么时候第一次举办了APEC会议？（　　）
   A. 1989年　　B. 1991年　　C. 2001年　　D. 2014年

4. APEC为什么在中国成为热词？（　　）
   A. 因为中国加入了这个组织
   B. 因为它是最高级别的组织
   C. 因为老百姓从中受益很多
   D. 因为很多媒体报道了中国举办的APEC会议

5. 为什么进口产品物流成本降低了？（　　）
   A. 因为经贸往来更方便了　　B. 因为东西便宜了
   C. 因为它们是稀罕物　　D. 因为建设了自贸区

6. 推出APEC商务旅行卡最主要的目的是什么？（　　）
   A. 确定旅游目的地　　B. 提供学习机会
   C. 方便做生意　　D. 方便货物通关

7. 下列哪个最可能是 APEC 成员在中国的合作项目？（　　）

A. 城市交通项目　　B. 乡村水利项目

C. 城市环保项目　　D. PPP 融资项目

八、读后分析。

1. 根据课文第 1 段，分析人们对 APEC 的态度变化？

时间：
态度：

→

时间：
态度：

→

时间：
态度：

2. 根据课文第 2～4 段，分析 APEC 在哪些方面改变了中国人的生活？

具体方面：
新情况：

具体方面：
新情况：

具体方面：
新情况：

4 能力应用

语言能力 综合信息，归纳人们对商业事物的认识和情感变化

综合各种商业信息，不仅能知道客观世界的改变，有时还可以从中发现人们主观认识上的变化。比如，消费者对产品从喜爱到厌倦，业内人士对某些商业行为从拒绝到接受，商业媒体对某种现象从忽视到重视。这些变化会表现为不同时间段上人们的认识、态度、评价的差异。在商业世界中，这些也是非常有价值的信息。

在归纳主观认识的变化时，首先要注意有关时间的语句。如：

（1）在中国加入APEC之前，它的名字对大多数老百姓来说是陌生的。

（2）1991年中国正式成为APEC的成员，此后这一组织逐渐为人们所熟知。

然后，查找与具体时间相应的说明认知、情感和行为的词语，根据它们的意思来理解人们的主观态度。如：

（3）在中国加入APEC之前，它的名字对大多数老百姓来说是陌生的。（认知）

（4）1991年中国正式成为APEC的成员，此后这一组织逐渐为人们所熟知。（认知）

（5）各地报纸热衷于报道相关新闻。（情感）

另外，还可以根据商业评论的用语，理解人们的主观态度。如：

（6）在空调行业生意惨淡的这个夏季，美的和小米日前联手推出的"i青春"智能空调，算是这个行业中的一抹亮色。

练习

一、找出下列句子中反映主观态度的词语。

1. 在博览会上，东盟国家深受中国企业的青睐，签订合作项目多达23个。

2. 人们对经济发展走势充满信心，这些乐观情绪正在推动股市走高。

3. 该国已意识到经济合作的重要性，将派代表出席本次国际合作高峰论坛。

4. 这个地区经济数据表现不佳，已经重挫了很多投资者的信心。

5. 它是国内首批智能手机品牌，从来不请代言人，却能做到家喻户晓，简直是国产手机中的一股清流。

6. 在本届青年创业大赛上，有两个农村电商项目被多家风险投资机构争抢。

7. 在补贴新政落地前，不管是车企、经销商还是消费者，几乎都在观望中。

8. 在美国股市走高之际，全球投资者却纷纷抛弃美股，美国股票型基金净流出就高达251亿美元。

9. 市场参与者在政策公布前都保持谨慎态度。

10. 亚洲经济的基本面正常，区域内的经济合作也越来越活跃，因此各方都看好亚洲经济前景。

二、根据下面的材料，分析中国历史上人们对商人态度的变化。

中国商人的历史可以追溯到商朝。商朝本身就是由善于经商的商族人所建立的。但是商族的统治者更重视农业生产，而非商业和手工业。春秋时期，商业尚不发达，所以帝王也没有感觉到商人的威胁。战国时期，商业开始活跃，为了稳定农业生产，抑制商人的政策开始出现，但商业活动和商人总体上还是得到了统治者的接受。
汉代初期，工商业有了长足的进步。统治者为了稳定农业生产，大力推行抑制商品经济和商人的政策。比如禁止商人穿丝绸衣服和乘马车，不许商人拥有私有土地，不许商人及其子孙做官，等等。
西晋时期，统治者对商人也是极端歧视，规定商人做生意时两只脚必须分别穿一只白鞋和一只黑鞋，这已经带有人身侮辱的含义了。
唐代的经济繁荣并没有改变商人的地位。当时的职业按照政治和社会地位分为“士、农、工、商”四类，商人为最后一等。唐朝还将商人集中的地方称为“市”，规定高级官员（五品以上）不准入市。
到了宋朝，商品交易十分活跃。思想家叶适第一次明确否定了“重农抑商”，主张废除各种歧视商人的政策，提高商人的政治地位和社会地位。

明清时期封建社会进入晚期，统治者追求稳定，并不鼓励新的、更活跃的生产力因素，延续了重农抑商的思想。商人们只能通过婚姻来结交士大夫，借以提高自己的地位。

在“重农抑商”的经济政策和“重义轻利”的儒家思想的影响下，商人自然缺乏应有的地位和社会尊严。直到晚清时期，面对西方生产方式的强势冲击，中国被迫向资本主义工业化体系过渡，重商主义兴起。早期工商资本家和思想家郑观应提出大力发展民族工商业，壮大国家经济实力。十九世纪末期，清政府将“重农抑商”政策调整为振兴工商实业的政策，直接促使商人的社会地位大幅提高，但商人并没有像西方商人那样成为政治统治阶层。不仅如此，他们还必须努力维持与统治阶级的合作关系，小心谨慎地保护自己的利益。

时期	对商人的态度

情景任务 研究经济合作对观念的影响

角色：你在一个经济研究所工作。

情景：你的研究团队发现，国家间的经济合作会改变老百姓对一些国外商品的认识和印象。你负责查找相关例子来证明这一观点。

要求：

1. 自选国家、组织、商品。

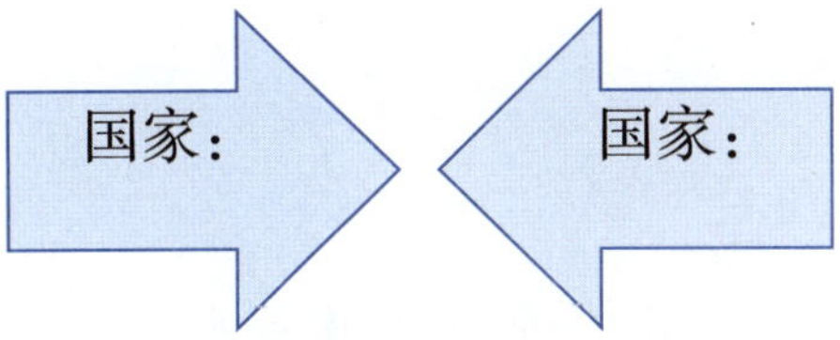

或

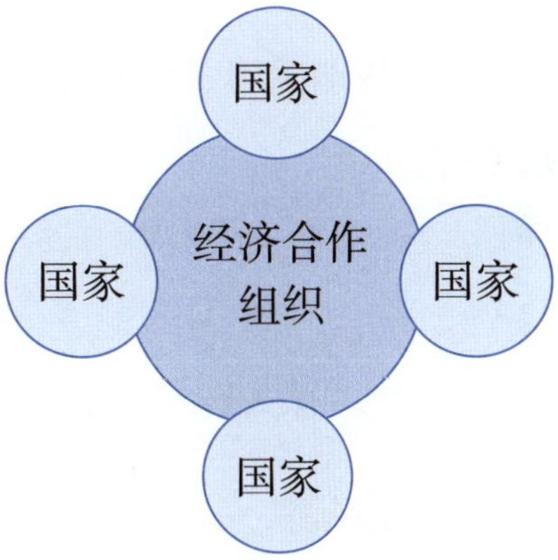

2. 查找资料，了解合作前后老百姓对商品的认识、态度、印象等的差别。

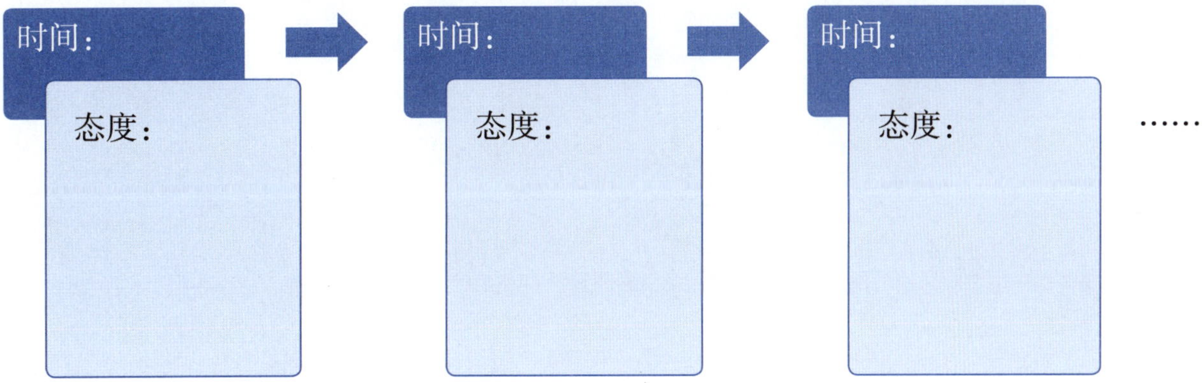

3. 口头报告（约 2 ～ 3 分钟），用例子说明人们态度的变化，证明你的观点。

第 16 课　自贸协定

1 热　身

头脑风暴

A、B 两国分别采用了两种不同的关税政策。请分析这些政策可能给国家经济和人民生活带来哪些影响。

A 国 低关税	B 国 高关税
· 国家经济	· 国家经济
· 国民生活	· 国民生活

2 课 文

关税调整惠及百姓与国家 16-1

中国分别与韩国、澳大利亚签订自贸协定后，相关进出口商品贸易就逐步迎来关税下降甚至“零关税”的时代。这一重大的关税政策调整有助于相关企业融入国际大市场。那么，它又给百姓生活带来了什么实惠呢？记者就此问题在天津进行了走访。

通过调查多家超市，记者发现进口牛羊肉早已成为各大超市货架上的常态，且国内外差价越来越小。而在进口红酒市场，来自澳大利亚的葡萄酒不少已降至百元甚至是五十元以下。还有很多进口贸易商表示，以往天津少见的海外生鲜食品以后会常跟市民见面，今后再也不是只有到海外才能买到了。

虽然今后韩、澳进口商品将会更加便宜，但目前还有一些相关商品没有降价。“我们都是供货商定期供货，现在他们供应的还是之前的库存，所以近期的零售环节并不会降价。”某超市的工作人员表示，按照以往的规律，得等先前进的货销售完，降低关税的效果才会逐渐显现。记者在采访中还了解到，关税在部分进口商品的价格构成中的比例不高，未来这部分进口商品能否降价，现在尚无定论。

但有研究者仍认为关税的大幅下调将对定价产生一定的影响，这不仅惠及民生，还会对国际贸易起到促进作用。其实，对关税的研究和利用最早可以追溯到16世纪中后期。到了18世纪，当时的经济学家汉密尔顿主张利用关税保护本国商品以及鼓励出口贸易。18世纪中期出现的自由贸易理论则认为国家应该通过降低关税来促进自由贸易。针对这一观点，18世纪末的贸易保护理论指出，自由贸易只有在较为发达的国家之间才有利于实现双方互利，而在其他国家关税仍是保护本国产业和经济的手段之一。20世纪50年代又有学者从发展中国家的角度提出建立合理的关税保护制度，循序渐进地放开关税。包括中国在内的很多国家就是根据这一理论，不断适时调整、逐步放开关税政策的。

（改写自北方网，2015.12.28）

词语表

16-2

1. 惠及 huìjí 动 把好处给某人或某地。
   这个经济区的建设不仅让企业有更大的发展空间，也能惠及普通百姓。
2. 签订 qiāndìng 动 订立条约或合同并签字。
   向银行申请购房贷款前必须先签订购房合同。
3. 协定 xiédìng 名 协商后订立的共同遵守的条款。
   双方都认为自由贸易协定的签订将惠及两国人民。
4. 走访 zǒufǎng 动 访问、拜访。
   记者走访发现，随着冬季的来临，购买采暖设备的消费者多了起来。
5. 货架 huòjià 名 商店里放货物的架子。
   货架上摆满了各种蔬菜。
6. 差价 chājià 名 同一商品因各种条件不同而产生的价格差别。
   现在汽油大幅降价，但车用天然气价格仍保持不变，烧气和烧油的差价越来越小。
7. 生鲜 shēngxiān 在保鲜和简单处理以后就出售的初级产品，以及面包、熟食等现场加工品类的商品的统称。包括水果、蔬菜、肉品、水产、干货、熟食和糕点等。
   这家公司的生鲜食品直营业务品类丰富，主要有面点、油炸休闲小吃、方便餐、香肠等。
8. 定期 dìngqī 形 有一定周期的；有一定期限的。
   世界互联网大会定期在浙江乌镇举行。
9. 供货 gōnghuò 动 供应货物。
   我是做水产批发的，正准备和酒店签订合约，定期供货给对方。
10. 零售 língshòu 动 把商品不成批地卖给消费者。
    这个市场只有零售业务，不做批发业务。

11. 价格构成	jiàgé gòuchéng		生产成本、流通费用、利润、税金等要素在价格中的组成状况。
	日常消费电子产品的价格构成中，有一部分是设计研发费用。			
12. 定论	dìnglùn	名	确定的论断。
	这起事故还在调查阶段，事故原因尚无定论。			
13. 追溯	zhuīsù	动	比喻探寻事物的来源。
	有学者提出，全球商业历史可以追溯到公元前3000年。			
14. 主张	zhǔzhāng	动	对于如何行动持有某种观点、意见。
	坚持“以农为本”的古代学者主张重农抑商。			
15. 互利	hùlì	动	互相有利。
	这个二手货交易平台希望通过规范的服务体系实现买卖双方互利共赢。			

专有名词

1. 天津	Tiānjīn	中国的直辖市之一，位于华北地区。
2. 汉密尔顿	Hànmì'ěrdùn	亚历山大·汉密尔顿（Alexander Hamilton），美国政治家、经济学家，也是美国第一任财政部长。
3. 自由贸易理论	Zìyóu Màoyì Lǐlùn	（Free Trade Theory）这一理论认为自由贸易可使贸易双方都获得利益。作为国际贸易的核心理论之一，这一理论对很多国家的贸易理论和政策产生了深远的影响。
4. 贸易保护理论	Màoyì Bǎohù Lǐlùn	一种国际贸易理论，认为在对外贸易中应该限制进口，以保护本国商品在国内市场免受外国商品竞争，并通过各种优惠政策增强本国商品的国际竞争力。
5. 发展中国家	Fāzhǎnzhōng Guójiā	（Developing Country）指经济、技术、人民生活水平程度较低的国家。与发达国家相对。

3 练 习

一、辨字组词。

尚（ ）
问（ ）
同（ ）

论（ ）
轮（ ）
伦（ ）

协（ ）
胁（ ）
办（ ）

惠（ ）
慧（ ）

贸（ ）
货（ ）

律（ ）
津（ ）

二、将下面的词语与对应的意思连起来。

零售	产品还没正式进入市场时就进行销售
抛售	委托别人或别的企业在当地市场上卖货，货物售出后，再按协议结算货款
预售	带着货物到处叫卖
兜售	把商品卖给消费者个人
寄售	低价大量出售商品或股票

语言知识

～售

“～售”是动词性结构，经常用来说明或形容卖出商品的各种行为和方式。

说明卖出商品的方式，例如：零售、预售、配售、代售、摊售、邮售。

形容卖出商品的行为，例如：兜售、抛售、发售、惜售。

三、选择恰当的词语，完成下面的句子。（注意与加点词语的搭配）

零售	主张	签订	货架
互利	定期	供货	差价

1. 我们对合作伙伴的要求是能定期________，且价格相对稳定。
2. 消费品常见的征税环节包括生产环节、批发环节、________环节和进口环节。
3. 中澳自贸协定________后，中澳贸易逐渐取得了丰硕的成果。
4. 有学者在《纽约时报》发表文章，________实行职工拥有股票计划。
5. 面对超市________上由数十家不同公司生产的同款产品，消费者感到眼花缭乱。
6. 这家德国企业的中国区副总裁向合作方表示，中国市场前景广阔，希望双方能________互惠，共同发展。
7. 关税下调后，国内外的母婴用品的________明显缩小。
8. 工作人员解释说，“总经理接待日”活动不是仅仅安排在“3 · 15”这一天，平时也会________举行。

四、用指定的词语描述图片或图表。

1. 协定、签订

2. 生鲜、货架

3. 惠及、差价、零售

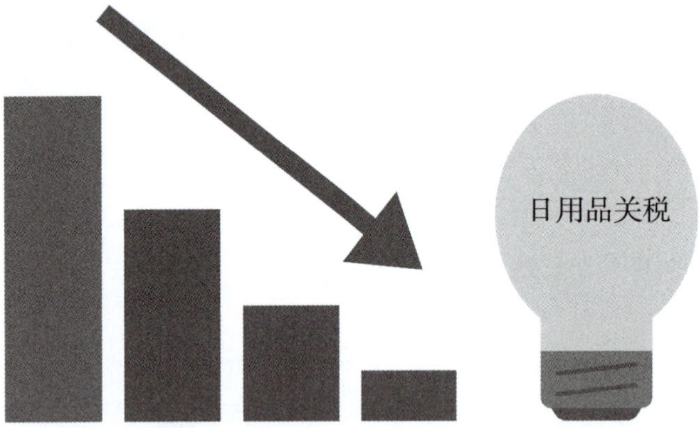

五、找出下列句子的主干。

1. 中国分别与韩国、澳大利亚签订自贸协定后，相关进出口商品贸易就逐步迎来关税下降甚至“零关税”的时代。

   主干：______________________________

2. 通过调查多家超市，记者发现进口牛羊肉早已成为各大超市货架上的常态，且国内外差价越来越小。

   主干：______________________________

3. 按照以往的规律，得等先前进的货销售完，降低关税的效果才会逐渐显现。

   主干：______________________________

4. 关税在部分进口商品的价格构成中的比例不高。

主干：________________

5. 18 世纪中期出现的自由贸易理论则认为国家应该通过降低关税来促进自由贸易。

主干：________________

6. 20 世纪 50 年代又有学者从发展中国家的角度提出建立合理的关税保护制度。

主干：________________

六、将下面的句子改写为口语体。（加点的部分必须替换为口语词语）

1. 关税调整惠及百姓与国家。

____

2. 记者就此问题在天津进行了走访。

____

3. 未来这部分进口商品能否降价，现在尚无定论。

____

4. 20 世纪 50 年代又有学者从发展中国家的角度提出建立合理的关税保护制度，循序渐进地放开关税。

____

七、根据课文选择正确的答案。（可多选）

1. 中澳、中韩自贸协定对这三个国家间贸易的影响是什么？（　　）

A. 部分商品关税减少了　　B. 部分商品没有关税了

C. 商品开始进入国际市场　　D. 企业开始进入国际市场

2. 关税调整对天津市场的影响是什么？（　　）

A. 国内商品价格跟国外相同　　B. 购买进口商品更方便

C. 进口商品价格更低　　D. 进口商品种类增加

3. 为什么有的进口商品没有降价？（　　）

A. 供货商不供货　　B. 政策还没实施

C. 库存没卖完　　D. 关税影响小

4. 汉密尔顿的国际贸易理论对关税的态度是什么？（　　）

A. 肯定　　B. 反对　　C. 中立　　D. 没提到

八、读后分析。

1. 将关税理论的名称和对应的内容连起来。

A. 关税保护开放理论
B. 出口保护理论
C. 贸易保护理论
D. 自由贸易理论

· 降低或取消关税，鼓励国际贸易
· 用关税保护本国经济和产业
· 用关税保护本国经济和出口
· 用关税保护本国经济，但逐渐放开。

2. 根据出现的时间，将上面 A ～ D 的关税理论排列起来。

时间顺序

4 能力训练

语言能力 综合信息，归纳某种经济 / 商业理论的发展

人们对商业事物不仅会有态度情感上的变化，还会有理性认识上的不断深入。通过归纳不同时期的理论观点，可以了解相关理论思想的发展过程。在归纳理论发展情况的时候，以下方面的信息尤其需要注意。

一是理论的思想内容。介绍学者观点、理论内容的常用结构是：

理论名称 / 代表学者 + 动词（用于介引观点）+ 理论内容

（1）经济学家汉密尔顿主张利用关税保护本国商品以及鼓励出口贸易。

（2）自由贸易理论则认为国家应该通过降低关税来促进自由贸易。

（3）贸易保护理论指出，在其他国家关税仍是保护本国产业和经济的手段之一。

（4）有学者提出建立合理的关税保护制度。

二是理论出现的时间。特定理论出现在特定的时间段，理论的发展顺序是根据其出现时间来确定的。如：

（5）对关税的研究和利用最早可以追溯到16世纪中后期。

（6）18世纪中期出现的自由贸易理论认为……

（7）20世纪50年代又有学者提出……

三是理论的代表人物、代表作。这些人物流派、文章著作或者标志理论的出现，不仅对于理论本身的建立有重大意义，也是我们理解该理论的关键因素。

（8）到了18世纪，当时的经济学家汉密尔顿主张利用关税保护本国商品以及鼓励出口贸易。

（9）从经济学之父亚当·斯密的《国富论》算起，国际贸易理论的发展已经有200多年的历史了。

（10）1966年哈佛大学教授雷蒙德·弗农发表了一篇题为《产品周期中的国际贸易和国际投资》的论文，首次提出产品如同生物一样，有诞生—成长—衰亡的生命周期。

（11）托马斯·孟的著作《英国得自对外贸易的财富》是阐述重商主义思想的重要作品。

练习

一、找出下列句子中引出观点的词语。

1. 重商主义认为贸易给人民带来丰富的商品，并使政府获得税收，对人民和国家都有利。
2. 新自由主义产生于20世纪20—30年代，主张世界经济一体化，反对政府干预。
3. 马克思提出剩余价值理论，认为劳动的付出没有得到同样的回报，剩余价值被没有付出劳动的“资本”所剥削。
4. 大卫·李嘉图在19世纪初指出，决定国际贸易的因素是两个国家产品的相对生产成本。

二、从下列句子中找出理论的思想内容、出现时间或代表人物。

英国经济学家亚当·斯密在1759年出版的《道德情操论》和1776年出版的《国富论》中都指出，个人在经济生活中只考虑自己的利益，同时也受“看不见的手”驱使，即通过分工和市场的作用，可以达到国家富裕的目的。
经济史学家Gregory Clark认为，人类行为的一个巨大变化是对储蓄的偏好超过了即时消费的意愿。节俭、谨慎和努力工作成为现在的价值观。
凯恩斯在《就业、利息与货币通论》中提出了流动性偏好理论。根据他的观点，利率的调整使货币的供给与货币需求保持平衡。
1841年德国经济学家李斯特出版了《政治经济学的国民体系》一书，系统阐述了国家采取贸易保护和关税保护政策，以发展本国工业的理论。他认为关税是保护国内工业的主要手段。
与幼稚产业保护论相反，夕阳产业保护论主张对衰退的行业进行保护。这种理论认为，夕阳产业曾经是国民经济的支柱产业，吸纳了大量的劳动力。为防止造成大量失业和生产设备的闲置，必须在一段时间内对夕阳产业实行保护。

情景任务　介绍经济理论的发展过程

角色：你是一个中文商业杂志社的记者。

情景：你们准备在接下来的两期杂志中分别介绍一个经济理论的发展过程。你负责完成其中的一个话题，现在已经找到了一些信息。

要求：

1. 从下面的两个话题中，选择一个作为你的任务。

   □国际贸易　　　　□经济学眼中的“人”

2. 根据你选择的领域及下面表格中的信息，按时间顺序整理理论发展过程。你也可以查找更多资料，补充相关信息。
3. 写一段话，说明所选话题的理论发展过程。

□国际贸易

约 1620 年	杰勒德·马林斯	国家（英国）应该限制对外贸易，防止国内的黄金和白银外流
20 世纪 70 年代	米尔顿·弗里德曼	自由贸易对发展中国家有好处，政府的角色应该最小化，让市场自由运作
1791 年	亚历山大·汉密尔顿	用关税保护本国新兴行业和商品，鼓励出口贸易
1691 年	达德利·诺思	消费是带动国内财富增长的主要方式，国际贸易应该是自由的，反对把金属货币保存在国内的政策
1817 年	大卫·李嘉图	对外贸易对所有国家都有好处，贸易保护主义政策有可能会阻碍国家经济发展
约 1630	托马斯·孟	只有取消对贸易的限制（如关税），商品和货币才能在世界上自由流通，全球市场才能自由发展

□经济学眼中的“人”

18 世纪中后期	理性经济人假设（亚当·斯密）	人的一切行为都是以自己最小的经济代价去获得最大的经济利益，人的分析、判断、决策是理性行为
20 世纪 40 年代	有限理性理论（赫伯特·西蒙）	人表现出的理性是有限的，因此仅用理性不能完全解释人们的决策行为
1944 年	期望效用理论	人们在不确定的条件下，总是追求期望效用极大化的，这种理性行为可以运用逻辑和数学工具进行分析
1953 年	莫里斯·阿莱	反对期望效用理论，因为现实生活中的决策并不总是理性的
1979 年	阿莫斯·特沃斯基、丹尼尔·卡尼曼	某些情况下人的选择和判断与经济学的理想模型不一致，而心理学家可以对某些不合逻辑的行为做出解释
1990 年	安德烈·施莱弗、劳伦斯·萨默斯	人的非理性的投资决策会导致市场脱离基本价值，对价格产生很大的影响
2008 年	《怪诞行为学》（丹·艾瑞里）	非理性是人类的本能，是决定行为和决策的隐性力量，非理性的行为是有系统的、可预测的

5 扩展阅读

问题

1. 为什么说企业“走出去”已经从中低端迈向中高端?
2. 国家对企业“走出去”的支持有何变化?
3. 中国建材联合会如何支持建材企业走出去?

建材企业“走出去”

在国家政策的刺激下，家居建材行业充满了机遇与挑战。近期地板企业进一步拓展国际市场，加快“走出去”。

从国际和国内两个市场看，以基础设施建设为例，一方面国内一些省份将启动一些重大基础设施项目，另一方面行业将加快国内水泥等产业“走出去”的步伐，帮助周边欠发达经济体开展基础设施建设。这样，由基础设施的完善带动相关省份、国家和地区的经济繁荣，带来房地产、工商业的繁荣，这对建材行业来说是新的经济增长点。

从生活用品的出口跨越到生产用品的出口，从单纯的卖产品过渡到海外资本投资，到国外建工厂、管理工厂，这是一次阶段性的变化，说明企业“走出去”已经从中低端迈向中高端。在“走出去”的过程中，地板企业要打造高性价比产品，突出中国的品牌、技术，把质量和品牌放在第一位，努力打造“国家名片”，如此才能大受欢迎。

过去，国家支持企业“走出去”，往往是单个地区或单个项目的支持。现在国家努力全方位地为企业“走出去”鸣锣开道，对建材企业来讲是千载难逢的好机会。

据了解，目前中国建材联合会已经成立了“走出去”服务平台，帮助建材企业与国外政府、机构、企业展开合作，并征得国家有关部门的支持，争取在境外打造建材产业园区，引领建材企业集群式“走出去”，吸引更多中国建材企业到境外园区投资、建厂，建立物流集散基地。地板企业在“走出去”的过程中要加强沟通交流，总结过去的经验和教训，探讨未来发展的途径和方式。

国外的市场不仅需要中国的先进技术和装备，也需要中国的资金支持。地板企业则需要用品牌和质量打造国家“名片”，开辟广阔的国际大市场。

团 队 任 务

任务说明

分析人们对广告的态度变化或研究发展的过程。

任务要求

1. 从下面两个话题中选择一个：
   - 人们对广告的态度变化；
   - 人们对广告的研究发展。
2. 通过各种资料，查找相关信息和时间段，整理出变化或发展过程。

任务步骤

分组	组成小组，确定组长、时间安排及分工等内容
确定话题	选择一个话题（对广告的态度变化 / 研究发展）
查找资料	查找资料，找出各种态度情感或者理论观点 记录时间、代表人物、文章著作等相关信息
综合分析	根据时间信息，将态度情感或者理论观点进行排序 分析态度情感或者理论观点先后出现的差异变化
口头 / 书面报告	研究话题（对广告的态度变化 / 研究发展） 展示表格，说明人们对广告的态度变化 / 研究发展 附上资料出处

附录1　听力文本

第 2 课

如果一个国家的劳动年龄人口占总人口的比重较大，就可以保证充足的劳动力供给，国家的支出负担就相对较轻，从而可以为经济发展创造有利的“黄金时期”。人口经济学家称之为“人口红利”。

过去几十年中国经济为什么能够持续快速增长？很多人认为“人口红利”的影响是一个重要的原因。但近年中国的劳动年龄人口在急剧减少，老年人口大幅度增加，中国已经进入老龄化社会。人口红利的消失将对未来经济的发展产生不利的影响。

有研究指出，退休年龄如果能从 60 岁调整到 65 岁，每年可增加 8.83% 的生产人口，减少 23.23% 的退休人口，相当于同期增加三分之一的劳动力资源。这种“二次人口红利”对经济发展影响巨大。

第 4 课

现在，互联网已经与越来越多的传统产业结合，给人们的生活提供了各种便利。

比如，当传统的银行业务遇到互联网，就出现了“互联网 + 金融”的模式和第三方支付平台。“互联网 + 交通”帮助人们更合理地规划出行路线。此外，打车软件也让人们养成了新的出行消费习惯。

在“互联网 +”的背景下，零售业虽然在商业本质上没有发生根本变化，但也深深地改变了人们的购物习惯，以及商家的销售模式。

互联网还影响着家电行业发展的新趋势。当电视机、空调、冰箱等家电设备都开始接入互联网，逐渐组成一个“物联网”的时候，人们的生活也更为便利了。

与互联网牵手拥抱的还有教育业。在线教育平台不断涌现，为学生创造了便捷的学习条件。未来的远程在线教育还会带来更好的学习体验和学习效果。

而医疗产业与互联网的结合则为人们就医提供了更便捷、高效的方法。移动化的就诊服务和快捷支付大大提高了就医效率，节约了公共资源。

“互联网 +”不再是什么新鲜事儿，它已经影响到人们生活的方方面面。

第 5 课

前三季度，房地产投资开发增速继续回落，房价的变化延续了稳中有降的趋势。当前房地产市场总体稳定。

前三季度，全国房地产开发投资 51046 亿元，同比增长 2.6%，增速比上半年回落 1.2 个百分点，比上年同期回落 16.6 个百分点。

房屋新开工面积 135014 万平方米，同比下降 8.6%，降幅比上半年扩大 1.5 个百分点。

全国商品房销售额 40354 亿元，增长 2.7%，增速比上年同期回落 20.5 个百分点。

全国商品房销售面积 68441 万平方米，同比下降 4%，降幅比上半年缩小 6 个百分点。

9 月份，70 个城市中新建商品住宅价格环比下降的城市有 24 个，比 8 月份增加了 4 个；上涨的城市有 31 个，比 8 月份减少了 5 个；持平的城市 15 个，比 8 月份增加了 1 个。

第 7 课

如果你乘飞机旅行 2000 公里，那么你就排放了 278 千克的二氧化碳；如果你用了 100 度电，那么你就排放了 78.5 千克二氧化碳；如果你自驾车消耗了 100 升汽油，那么你就排放了 270 千克二氧化碳……曾几何时，我们的生活开始用“碳”来计算。

研究发现，导致全球变暖的主要原因是温室气体不断增多。其中作用最大的温室气体就是二氧化碳。它一旦排放到大气中，少则 50 年，最长 100 年都不会消失。因此，计算碳排放量、鼓励低碳生活和消费被认为是避免气候发生灾难性变化、保持人类可持续发展的有效方法之一。所以有人说，低碳经济为“发烧”的地球开出了一剂“退烧药”。

第 10 课

美国美林银行发布了一份报告，通过一系列图表展示了全球经济的特点和发展趋势。其中有一张图显示了世界主要地区和国家出口产品的主要种类。

比如，中东地区和北非地区主要出口石油。

除了石油，非洲还大量出口贵金属和钻石，比如南非的钻石就十分有名。而东非地区和南美洲则主要出口食品和饮料，比如咖啡、茶和大豆等。

北美地区大量出口电子产品。

欧洲以交通设备为主，尤其是汽车和机械产品。

亚洲国家出口的产品具有多样性。印度大量出口宝石，蒙古出口铜矿资源，日本出口汽车。东南亚海岛国家和中国、韩国出口较多的是半导体、电子产品以及油气资源。同是位于中南半岛，越南、柬埔寨出口服装和纺织品，而缅甸、老挝等国出口木材。

从这张图可以看出，很多地区和国家的出口还是以能源为主。

第12课

据我所知，很多国外餐饮品牌在进入中国市场后都进行了一系列的改变来适应中国市场。

在麦当劳，公司员工都是经过标准化培训的当地人。公司还实行了原料生产、采购的本土化。北京的麦当劳产品原料有95%以上来自中国本土。此外，在产品开发上，麦当劳也推出了符合中国人口味的新产品。比如，在香港的麦当劳有一款早餐叫“烟肉蛋通心粉”，这种“汤汤水水”的早餐十分符合香港人的饮食习惯。

肯德基也不断推出各种中式快餐，从最初的油条、豆浆，到米饭类产品，再到烤鸡三明治。产品的广告主题也相应变成了“为中国而改变”。在广州、佛山等地肯德基还推出了广东建筑主题餐厅、功夫与陶瓷主题餐厅、广府文化餐厅等。

必胜客在中国能够迅速引起市场的注意，与其中国化的名字关系密切。这个品牌和肯德基都来自百胜集团，同样重视本土化策略。不仅原料是本土化的，还结合中国味道推出了北京烤鸭比萨、四川风味烤鸡比萨、麻辣小龙虾比萨等新产品。它们的主题店的风格也注意体现当地文化特色，比如在云南丽江的主题店就采用了当地少数民族的建筑风格。

第14课

中国区域经济发展的基本形态是什么呢？简单来讲，中国经济区域可以分为东部、西部、东北和中部四大板块。在这四大板块的内部，还分布着一些经济势能强劲的经济区域。

中国区域经济发展还很不平衡。例如，在国内生产总值（GDP）中，东部地区所占比重接近60%，而中部地区、西部地区、东北地区等三大板块加起来所占的比重才40%多一点。这种不平衡是区域经济发展的基本特征。

因此，中国政府坚持完善差别化的区域发展政策。在西部地区开工建设一批综合交通、能源、水利、生态、民生等重大项目，落实好全面振兴东北地区等老工业基地的政策措施，加快中部地区综合交通枢纽和网络等建设，支持东部地区率先发展。也就是我们通常所说的“西部开发，东北振兴，中部崛起，东部率先”。

第 15 课

亚洲太平洋经济合作组织（Asia-Pacific Economic Cooperation，缩写：APEC），简称亚太经合组织，成立于 1989 年，是亚洲—太平洋地区级别最高、影响最大的区域性经济组织。该组织在推动区域贸易投资自由化，加强成员间经济技术合作等方面发挥了不可替代的作用。

附录2 词语表

B			
百分点	bǎifēndiǎn	名	5
保本	bǎoběn	动	1
本土化	běntǔhuà		11
便利	biànlì	形	15
布局	bùjú	名	10
C			
财长	cáizhǎng	名	15
财政	cáizhèng	名	2
彩票	cǎipiào	名	2
惨淡	cǎndàn	形	4
仓储	cāngchǔ	动	10
差价	chājià	名	16
产地	chǎndì	名	1
产业链	chǎnyèliàn	名	4
常态	chángtài	名	3
撤离	chèlí	动	11
持平	chípíng	动	5
筹资	chóuzī	动	2
出售	chūshòu	动	6
创新	chuàngxīn	名	12
促进	cùjìn	动	15
D			
大数据	dàshùjù	名	13
大宗商品	dàzōng shāngpǐn		9
代工	dàigōng	动	11
带动	dàidòng	动	14
得不偿失	débùchángshī		2
得天独厚	détiān-dúhòu		13
低碳	dītàn	形	7
电子商务	diànzǐ shāngwù		3
电子政务	diànzǐ zhèngwù		3
定论	dìnglùn	名	16
定期	dìngqī	形	16
动脉	dòngmài	名	14
兑换	duìhuàn	动	7
E			
遏制	èzhì	动	6
F			
反馈	fǎnkuì	动	3
方兴未艾	fāngxīng-wèi'ài		13
房源	fángyuán	名	6
分类	fēnlèi	动	7
奉行	fèngxíng	动	12
扶持	fúchí	动	6
幅度	fúdù	名	5
福利	fúlì	名	6
G			
改善	gǎishàn	动	9
岗位	gǎngwèi	名	2

高端	gāoduān	形	10
高企	gāoqǐ	动	9
根源	gēnyuán	名	12
供不应求	gōngbúyìngqiú		1
供过于求	gōngguòyúqiú		1
供货	gōnghuò	动	16
供暖	gōngnuǎn	动	8
购买	gòumǎi	动	1
关税	guānshuì	名	10
贯通	guàntōng	动	14
国债	guózhài	名	2

H

含量	hánliàng	名	13
合伙制	héhuǒzhì		11
红利	hónglì	名	2
互利	hùlì	动	16
互联网金融	hùliánwǎng jīnróng		3
话语权	huàyǔquán	名	1
环保	huánbǎo	形	7
环比	huánbǐ	动	5
回报	huíbào	动	7
回落	huíluò	动	5
回暖	huínuǎn	动	5
汇聚	huìjù	动	14
惠及	huìjí	动	16
货架	huòjià	名	16
货真价实	huòzhēn-jiàshí		3

J

基地	jīdì	名	10
基金	jījīn	名	6
基因	jīyīn	名	4
激发	jīfā	动	13
加工贸易	jiāgōng màoyì		9
加速	jiāsù	动	2
价格构成	jiàgé gòuchéng		16
嫁接	jiàjiē	动	4
贱	jiàn	形	1
降幅	jiàngfú	名	5
交易	jiāoyì	动	7
节能	jiénéng	动	7
截至	jiézhì	动	3
解读	jiědú	动	5
仅次于	jǐn cì yú		7
进军	jìnjūn	动	11
经济体	jīngjìtǐ		15
经商	jīngshāng	动	15
竞争力	jìngzhēnglì		4
居高不下	jūgāo-búxià		1
巨头	jùtóu	名	10
均衡	jūnhéng	形	14

K

开通	kāitōng	动	14
开拓	kāituò	动	9
考验	kǎoyàn	动	8
库存	kùcún	名	5

跨境贸易	kuàjìng màoyì		10
款项	kuǎnxiàng	名	6
亏损	kuīsǔn	动	1
困境	kùnjìng	名	12

L

拉动	lādòng	动	13
劳动力	láodònglì	名	2
连锁	liánsuǒ	形	12
廉租房	liánzūfáng	名	6
亮点	liàngdiǎn	名	10
零售	língshòu	动	16
领先	lǐngxiān	动	12
流通	liútōng	动	1
绿皮书	lǜpíshū	名	8

M

贸易壁垒	màoyì bìlěi		10
贸易条件指数	màoyì tiáojiàn zhǐshù		9
弥补	míbǔ	动	15
民营企业	mínyíng qǐyè		9

N

能见度	néngjiàndù	名	8
纽带	niǔdài	名	4

P

排放	páifàng	动	7
庞大	pángdà	形	12
培育	péiyù	动	10
配套	pèitào	动	13
配置	pèizhì	动	14
飘红	piāohóng	动	10
拼单	pīndān	动	3
频繁	pínfán	形	8
频率	pínlǜ	名	8
平台	píngtái	名	3
平抑	píngyì	动	6
瓶颈	píngjǐng	名	12

Q

签订	qiāndìng	动	16
潜力	qiánlì	名	14
区位	qūwèi	名	14
区域	qūyù	名	14
缺口	quēkǒu	名	2

R

热衷	rèzhōng	动	15
融资	róngzī	动	15
入驻	rùzhù	动	11

S

丧失	sàngshī	动	11
摄氏度	shèshìdù	量	13
生产线	shēngchǎnxiàn	名	10
生产要素	shēngchǎn yàosù		14
生鲜	shēngxiān		16
实施	shíshī	动	7
实时	shíshí	副	4
实体经济	shítǐ jīngjì		4
实习	shíxí	动	3

势必	shìbì	副	8
事务所	shìwùsuǒ	名	11
试点	shìdiǎn	动	7
适时	shìshí	形	2
释放	shìfàng	动	5
收购	shōugòu	动	11
收益	shōuyì	名	1
收窄	shōuzhǎi	动	5
收支平衡	shōuzhī pínghéng		2
受益	shòuyì	动	15
售后	shòuhòu		4
水利	shuǐlì	名	15
税收	shuìshōu	名	2
顺差	shùnchā	名	9
思路	sīlù	名	12

T

态势	tàishì	名	10
调控	tiáokòng	动	6
通关	tōngguān	动	15
通胀	tōngzhàng	动	9
同比	tóngbǐ	动	5
投产	tóuchǎn	动	10
投放量	tóufàngliàng		7
投机者	tóujīzhě		6
投入	tóurù	名	1
投资额	tóuzī'é		5
透露	tòulù	动	11
凸显	tūxiǎn	动	8
途经	tújīng	动	14
推动	tuīdòng	动	15
推进	tuījìn	动	8
托运	tuōyùn	动	13

W

外包	wàibāo	动	13
网点	wǎngdiǎn	名	11
网民渗透率	wǎngmín shèntòulǜ		3
无形之手	wúxíng zhī shǒu		1
物联网	wùliánwǎng	名	13
物流	wùliú	名	4
物美价廉	wùměi-jiàlián		15
物资	wùzī	名	15
雾霾	wùmái	名	8

X

稀罕物	xīhanwù		15
细分市场	xìfēn shìchǎng		12
下单	xiàdān	动	3
下滑	xiàhuá	动	9
现行	xiànxíng	形	2
限度	xiàndù	名	12
陷入	xiànrù	动	12
相当于	xiāngdāng yú		7
消费者	xiāofèizhě	名	1
消耗	xiāohào	动	13
销售额	xiāoshòu'é		5
协定	xiédìng	名	16

协议	xiéyì	名	13
新媒体	xīnméitǐ	名	13
信号	xìnhào	名	5
寻觅	xúnmì	动	4

Y

亚寒带	yàhándài	名	13
研发	yánfā	动	11
衍生	yǎnshēng	动	3
央行	yāngháng	名	6
业内人士	yènèi rénshì		3
依托	yītuō	动	4
一般贸易	yìbān màoyì		9
一体化	yìtǐhuà	动	14
一往无前	yìwǎng-wúqián		3
异军突起	yìjūn-tūqǐ		13
抑制	yìzhì	动	6
隐患	yǐnhuàn	名	3
印花税	yìnhuāshuì	名	6
优化	yōuhuà	动	8
与日俱增	yǔrì-jùzēng		13
云计算	yúnjìsuàn	动	13
云平台	yún píngtái		4
运输	yùnshū	动	14
运营	yùnyíng	动	14

Z

载体	zàitǐ	名	4
增幅	zēngfú	名	5
增速	zēngsù	动	5
占据	zhànjù	动	12
战略	zhànlüè	名	8
涨幅	zhǎngfú	名	5
折算	zhésuàn	动	7
振兴	zhènxīng	动	13
征收	zhēngshōu	动	6
直营	zhíyíng		12
制订	zhìdìng	动	7
治理	zhìlǐ	动	8
置业	zhìyè	动	6
中间商	zhōngjiānshāng		1
主攻	zhǔgōng	动	8
主体	zhǔtǐ	名	9
主张	zhǔzhāng	动	16
追溯	zhuīsù	动	16
自贸区	zìmàoqū	名	15
自主	zìzhǔ	动	9
总额	zǒng'é	名	9
走访	zǒufǎng	动	16
组装	zǔzhuāng	动	10
遵循	zūnxún	动	11

专有名词